搭JR鐵道 游日本最美 賞櫻路線

蔡碧航 著

11 條 鐵道旅行 ＞ **15** 座 城市體驗 ＞ **55** 個 櫻花景點

走吧！一起搭乘火車，散步在櫻花樹林中！

方柏華
新銳作家

林少雯
名作家

陳銘磻
名作家
日本文學旅行達人

琹涵
名作家

應鳳凰
文學評論家
台北教育大學教授

【感動推薦】

目錄

推薦序
RECOMMENDED SEQUENCE +

誰不愛京都？

琹涵·2011年冬

京都，在我的眼裡，有如雙面夏娃。

一方面，它極具現代感，高樓連雲起，車水馬龍，寫盡了繁華都會的面貌，潮流的腳步快速，它也從來不曾被新時代所遺忘；然而，另外一方面，它又極具思古之幽情，有著濃重的人文素養。在那青石街道，敲響的，彷彿是往昔的古意，詩人的心情。

記得我第一次去京都玩，是在炎熱的暑假，平日教書忙，時間上我無法選擇。於是，春天的櫻花早已開過，秋日的楓葉尚未轉紅，無論追櫻或賞楓，兩皆落空。即使是這樣，京都也仍然是迷人的。只是，那一年，有多麼不巧，金閣寺正在整修，但是銀閣寺和清水寺，也總是寧靜而美麗。我還在清水寺旁，買了一個風鈴，聲音清越，宛如天籟，成為我此行最好的紀念。

日本人重視庭園造景，一花一木，一石一燈台，甚至一方水塘，都饒有興味。讓人不免想起小時候住過的日式房舍，前庭後院的擺設，無奈當時年少，哪知這許多原屬珍貴？如今想來，卻不免深深眷戀。

原來，在我的生命之中，也曾經擁有過一個造景精緻的庭院，可惜當年一無所覺，如何知道那是天賜的禮物呢？竟然恍如一夢！

京都兼容並蓄，亦新亦舊，宜古宜今，讓遊客們各取所需，也都同樣的引人入勝。它有知名的飯店，也有充滿靈氣的古寺，尤其是處處都隱藏著佳景，無論是哲學之道、嵐山、鴨川之旁，甚或是咖啡館或茶館，都有其獨特的氛圍，天然的風景固然美，一些小小的精心設計也頗怡情悅性。

如果你問我，到底喜歡她新潮的風貌？還是那古意盎然、如詩的一面呢？

也許，我更愛的是後者。

《菜根譚》書上有一句話，簡直說進了我的心坎裡：

林間松韻，石上泉聲，靜裡聽來，識天地自然鳴佩；

草際煙光，水心雲影，閒中觀去，見乾坤最上文章。

　　風吹過林間，帶來陣陣的松濤之聲，石上有清泉流淌而過的琤琮之音，在寧靜中聽來，更能領會天地之間大自然美妙如同天籟的樂章。草木之間煙霧迷漫，水中有著雲朵的倒影，在悠閒裡觀賞，那真的是世界上最美的文章。

　　林間的松濤聲韻迷人，泉石更有清音，那是大自然氣勢磅薄的大樂章，草際煙光，水心雲影，其間的美更是如夢似幻，是天地間最為瑰麗的大手筆，世俗之人又如何懂此化境呢？……

　　喜歡京都的朋友也多，再三前往，樂此不疲，也因此賞盡了京都四季的美景。每當見面，他們常津津樂道，竟彷彿京都是他們心中最愛的一座城。

　　有誰不愛京都呢？那樣乾淨的街道，那麼多的迷人景點，還有博物館和優美庭園……

　　我的好朋友碧航當年曾一手拿著川端康成的《伊豆舞孃》沿途尋訪書中的景點，一手忙著拍照紀錄，那是她自助旅行的開始。此後十多年來不斷的進出日本，留下的隨筆盈匣，有許許多多關於追櫻的描繪，散文家細筆寫來，無一不動人心扉。京都是美，有誰能不愛京都呢？櫻花更是魅惑，她沿著鴨川、高瀨川、白川、哲學之道四條河道來寫，櫻花好似也有感應，多情而纏綿，拂了一身還滿。追櫻，又何只在京都？還有關東、四國、九州、大阪……

　　我懷疑她前世根本就是一株櫻，於是，今生總要一訪再訪，無有止時。每到春天，櫻花綻放的訊息就要開始，她便坐立不安，心中有著很深的懸念和記掛，非得留出空檔，排好行程，急匆匆的上路，只為著旁人無可理解的因緣，更彷彿是為了踐履那生生世世的盟約。

　　那麼，出一本櫻花魅惑的賞櫻專輯，會不會就是圓滿的句點呢？

　　恭喜本書的問世，也恭喜碧航！

旅行就是
要快樂

一九九四年，我第一次傻呼呼的拿著川端康成的書當作旅遊指南，有驚無險的完成伊豆之旅。之後，年年都到日本，足跡由沖繩到北海道，當然不能說踏遍，卻也玩得精彩難忘。

從當年資訊十分匱乏而且取得不易的情況，到今日旅遊資訊隨手可得。從完全未事先訂房不知天高地厚的硬闖，到中文英文日文夾雜的傳真訂房，再到今日的網路訂房或請信用卡白金祕書訂房，我笑稱這是自助旅行的進化。因為旅行，我經歷了網路資訊的突飛猛進，享受了它帶來的方便性和即時性。

本書收錄的二十五篇文章，有自助旅行的烏龍記事，以及往後陸陸續續展開的追櫻追楓行程。整理文稿的時候，翻著一張張精彩的照片，當時場景彷彿回到眼前，內心不禁又隱隱騷動著，想要再度揹起行囊出發去旅行。

每年我為櫻花狂。即使決定當年不去追趕花蹤了，仍然忍不住關心著花開的情況，一顆心隨著《櫻花前線》的腳步推移，由鹿兒島、本州、九州、四國一直到京阪神。旅人沒有不愛京都的，我尤其愛用雙足一步一步的丈量京都，在春天和秋天，走很多很多的路。白川、高瀨川、鴨川、賀茂川是我特別推薦給您的賞櫻路線。即令秋楓落盡，秋意上心頭，蕭蕭秋色也是滿溢著詩情的。

旅行的感動常常來自計畫之外的偶然相遇。最不能忘的是美好人情，以及某時某刻觸動心靈的文學感懷，如詩、如畫、如樂曲，也像戀人的絮語，深深魅惑了我的心。

我喜歡那樣的時刻。

還記得第一次拿了川端康成的《伊豆舞孃》去旅行，途中遇見

了尾崎紅葉和與謝野晶子的文學碑，那種難抑的衝擊和感動，於今猶新。之後每次旅行我都會特別留意詩碑、文學碑、筆塚或文學館等等，把旅行和文學稍稍牽連起來，領受著人文的豐美。

日本的城市或鄉村，只要有文人出生或居住過，都會大大的引以為榮，社區營造便圍繞著這個主題，打造出一個人文市鎮。例如釧路的石川啄木、花卷的宮澤賢治、伊豆的川端康成和井上靖、境港的水木茂……這樣的人文邂逅讓旅程不致太蒼白。

我喜歡這樣的旅行。

自助旅行有時是艱苦備嘗的，令人想不通的是，旅行不都是要快樂嗎？為什麼要如此自找麻煩。我也不明白，明明跟團去了歐洲、去了江南水鄉，玩得很舒適快意了，心裡卻還是空虛的，非得要和朋友再到北海道去隨意走走，才覺得心靈得到了慰藉。自由自在、隨興而遊，我想，這便是自助旅行的魅力吧？

旅行，就是要讓自己快樂。希望本書傳達給您的，正是這樣的訊息。

Chapter 1

京畿春花一瞬

JR關西空港線：關西空港──京都

Ⓐ 白沙村莊（橋本關雪紀念館）

地　　址｜左京區淨土寺石橋町37
電　　話｜075-751-0446
開放時間｜10：00～17：00
休 息 日｜無休
門　　票｜￥800，中小學生￥600，附設飲食處和
　　　　　　茶室，瑞米山座敷抹茶和果子￥1500
　　　　　　（含門票）
交通指南｜市巴士「銀閣寺道」下車步行1分鐘。
網　　址｜http://www.kansetsu.or.jp/

Ⓑ 平安神宮

地　　址｜京都市左京區岡崎西天王町。
電　　話｜075-761-0221
開放時間｜6：00～18：00（夏季）
神　　苑｜8：30～17：30（夏季）
費　　用｜神苑成人￥600. 兒童￥300
休 館 日｜全年無休
交通指南｜地下鐵東西線「東山駅」下車，徒步20
　　　　　　分。或市巴士5系統「京都會館・美術
　　　　　　館前」下車即達。

網　　址｜http://www.heianjingu.or.jp/index.html

Ⓒ SAGAN

在哲學之道的中段，是我喜歡的咖啡館。
SAGAN，我說「莎岡」，當地人說是「再願」，
沒有問過店主人。

地　　址｜哲學之道中段
電　　話｜075-751-7968
營業時間｜7：00～17：00
休 息 日｜星期四

Ⓓ 京都府立植物園

地　　址｜京都左京區下鴨半木町
電　　話｜075-701-0141
營業時間｜9：00～16：00
休 息 日｜無休
門　　票｜￥200，陶版名畫之庭共通券￥250
交通指南｜地鐵烏丸線「北山站」步行3分鐘。

關西空港 ○

大阪 ●
・大阪城
・毛馬櫻之宮公園
・造幣局櫻花道

新大阪 ●

京都 ●
・清水寺　　　・詩仙堂
・祇園白川　　・上賀茂神社
・圓山公園　　・高雄神護寺
・八坂神社　　・宇治
・南禪寺

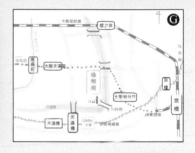

E 上賀茂神社

地　　　址｜京都市北區上賀茂本山339
電　　　話｜075-781-0011
休 息 日｜無休
門　　　票｜免費，國寶本殿、權殿特別參拜￥500
交通指南｜市巴士「上賀茂神社前」下車即達。
網　　　址｜http://www.kamigamojinja.jp/english/
index-e.html

F 上賀茂社家《西村家庭園》

地　　　址｜京都府京都市北區上賀茂中大路町1
電　　　話｜075-781-0666
開放時間｜例年3月15日～12月8日（冬季休業）
休 息 日｜無休
拜觀時間｜09：30～16：30
門　　　票｜大人￥500，兒童￥250
交通指南｜市巴士「上賀茂神社前」下車，徒步3
分鐘。

G 大阪造幣局

地　　　址｜大阪市北市天滿1-1-79
開放時間｜每年四月中旬開放一星期，確定日
期約一個月前公布。
參觀費用｜免費
交通指南｜1.地下鐵谷町線、京阪本線「天滿
橋」站（京阪東口，2號出口）下
車徒步約15分。
2.JR東西線「大阪天滿宮」站（JR2
號出口）下車徒步約15分。
3.JR東西線「大阪城北詰」站（3
號出口）下車徒步約15分。
網　　　址｜http://www.mint.go.jp/index.html

H 宇治中村藤吉本店

地　　址	京都府宇治市宇治壱番十番地
電　　話	0774-22-7800
營業時間	銘茶賣場：10：00～18：00
	Café部：11：00～18：00
交通指南	從JR宇治站徒步1分
網　　址	http://www.tokichi.jp/index.php

I 神護寺

地　　址	京都市右京區梅ヶ畑高雄町5番地
電　　話	075-861-1769
開放時間	9：00～16：00（閉門17：00），全年無休
參拜費用	大人￥500，小學生￥200
交通指南	1.JR巴士「高雄・京北線」約50分、「山城高雄」下車、徒步約20分。
	2.阪急京都線烏丸站或地下鐵烏丸線四条站搭市巴士8號系統約45分、「高雄」下車、徒步約20分。
	3.京都巴士90號系統嵐山高雄線，由阪急嵐山到「西山高雄」站，徒步約25分。
網　　址	http://www7b.biglobe.ne.jp/~kosho/index.html

J 高山寺

地　　址	右京區梅之田栂尾町1
電　　話	075-861-1770
開放時間	9：00～17：00，全年無休
參拜費用	境內免費開放。（10、11月￥400）石水院￥600。
交通指南	乘JR巴士在「栂尾」站下車，徒步5分。

K 西明寺

地　　址	右京區梅之田槇尾町1
電　　話	075-861-4204
開放時間	9：00～17：00，全年無休
參拜費用	境內免費開放，本堂￥400。
交通指南	乘JR巴士在「槇尾」站下車，徒步5分。

Ⓛ 東福寺

地　　　址	東山區本町15-778
電　　　話	075-561-0087
開放時間	9：00～16：00（11月8:30～16:30），全年無休
參拜費用	境內免費開放，方丈庭園、通天橋¥400。
交通指南	JR奈良線或京阪本線「東福寺」站下車，徒步10分。市巴士202、207、208系統「東福寺」站下車。
網　　　址	http://www.tofukuji.jp/index2.html

Ⓜ 詩仙堂丈山寺

地　　　址	京都市左京區一乘寺門口町27番地
電　　　話	075-781-2954
開放時間	9：00～17：00，5月23日定休
參拜費用	大人¥500。
交通指南	京都市巴士5系統、北8系統和65系統、京都巴士18和55系統，在「一乘寺下り松町」下車。向東約300米。或叡山電鐵「一乘寺駅」下車，向東約600米。
網　　　址	http://www.kyoto-shisendo.com/Ja.html

Ⓝ 秀仙閣

地　　　址	京都府京都市下京區木屋町四条。
電　　　話	075-341-4171
房 間 數	56室
宿泊料金	¥4830～/人
交通指南	阪急電鐵河原町站木屋通南出口，徒步1分。

Ⓞ Super Hotel京都・四条河原町

地　　　址	京都府京都市中京區新京極通四条上中之町538-1
電　　　話	075-255-9000
房 間 數	177室
宿泊料金	¥4740～/人
交通指南	阪急河原町站⑥番出口徒步3分

Ⓟ 東橫INN京都四條烏丸

地　　　址	京都府京都市下京區四條通烏丸東入長刀鉾町28
電　　　話	075-212-1045
宿泊料金	¥4000～/人
交通指南	從地鐵四條站或阪急線烏丸站第20號出口。

/櫻花樹下的美好時光

櫻花魅惑

小時候就聽人說：

「有一種女人，每年到桃花開的時候就瘋了。桃花，到底是怎麼了？竟好像帶著某種罪惡和不可解的神祕邪氣。」

那麼櫻花呢？

春天，理所當然要想到櫻花的。

陽明山的櫻花我看過幾回，而爛漫山櫻緋紅花色，即令開得多麼春光燦爛，我都覺尋常。

左／櫻花魅惑人心，引得人們一年又一年永不止息的追尋。
右／潔白花顏，讓人忍不住想親她吻她。

原來，心中的旖旎春光早已無可取代。

那一年我年華黛綠，第一次踏下陽明山的公車，眼
前道路兩旁櫻樹高大，紅霞蔽天，一陣風來，花雨
紛紛紛紛的飄落……

像夢一般，真的像夢一般。

多年之後再回陽明山，無論我再怎麼尋找都不曾再
找著那些高大成林的櫻樹，說給人聽，也沒人知道
那些櫻樹到底是長在何方？

但我確實是看過的，那一年櫻花季的一枚徽章我別
在書包上，戴了很久很久，直到它無意中不知掉落
在何處。

櫻花夢，就這樣縹緲虛無如夢似幻，不可復尋了。

阿里山的櫻花我是喜歡的，粉白吉野櫻才是我情鍾
的花顏，去過幾回，卻因人多花殘惹得意興闌珊。

京畿春花一瞬

然而有一年的櫻花至今仍燦亮的開在我的記憶裡。

那年，為了學校裡最敬愛的一位老師要退休，我們
特為他辦了阿里山賞櫻之旅，早早的訂下了阿里山
賓館。

微雨如霧的天氣。

趁著遊客還不很多的清晨，穿行徜徉在櫻花林裡，
冷冽的山間空氣讓思緒格外清明。我們沿著鐵道慢
慢的走著，等待第一班小火車在晨曦裡破霧前來。

我記得那一年沼平車站前的兩棵吉野櫻開得真是
燦美。

拍了照片的，我拍了許多櫻花和森林小火車的照
片，卻不知收藏到哪兒去了，還沒下決心翻箱倒櫃
的去找出來。

記憶裡有那樣的花開就足夠了。

如今我一想到櫻花就想起那一年的花開，
春天的心不禁微微的騷動了起來…………

春風裡的流言。

你說的是櫻花嗎？

呵呵我懂得的，我懂得這春天裡的密碼，
一眼就能識破那些欲蓋彌彰的曖昧眼神和
詭計，以及風裡偷偷傳遞著的某種訊息。

其實我的心也早在春惶未啓的時候就已微微
的騷動著了，彷彿嗅聞得出春風裡催情的香
氣，但理智告訴我不必在意，管它什麼櫻花

李花杏花圓仔花，因為花見不知幾多回，早
已看花看到飽不必去趕這個熱鬧了。

但是我仍然留意著花開預想的訊息，把幾
個櫻花前線的網站早早的掛上《我的最
愛》，時不時就上網去溜溜。都怪自己禁
不起春天的誘惑，逛過網站之後竟然還撥
了電話，訂下了與櫻花的約會。

事實上，這個約會也只是自己一廂情願甚
至是自作多情的說法。

春神多變促狹，常常撩撥挑逗得人們春心
蕩漾，卻又翻臉無情來個冷鋒寒流，立時

1／櫻冰
2／昔年陽明山的櫻花記憶，
　　漸遠漸淡了！
3／櫻花開時，春心也盪漾，
　　想婚了呵！

傷風感冒流鼻水哈啾個不停，誰知道春天在哪裡？

以往每年預測花開的日本氣象廳也被整得灰頭土臉，曾經為了預測大幅失準而連連鞠躬致歉，所以它不玩了，正式退出了櫻花前線的預測。其實，既稱是『花開予想』，又有誰能夠說得準呢？但是日本人就是那麼龜毛，也的確有許多人是遵照這個預測而規畫行事的，預測失準難免引得一片怨聲載道。

幸好還有許多民間團體和機構投入這個研究，比較具公信力的是：

日本氣象協會
http://www.jwa.or.jp/
氣象新聞櫻花情報
http://weathernews.jp/sakura/#
天氣地圖花開預想
http://www.weathermap.co.jp/sakura/

這三個網站陸續在二月初公布了今年的花開預想，但是差距實在不小，約在一週左右，櫻花的花期也不過才兩個星期，滿開到櫻吹雪更可能只有短

CHAPTER 1　京畿春花一瞬

上／我看著天鵝把水面的落花一一吞食，心想牠吃進了這樣佳美的靈糧，會長成
　　怎樣的珍禽呢？
下／小男孩的眼眸在櫻花叢裡閃動，他捕住春光了嗎？

紅色枝垂櫻

短三五天，你該聽誰的？所以就有個「櫻花研究所」出來把三個機構的預測日期平均了一下，取個中庸之道。但是這個學問太大了，誰又能預測得準呢？

日本人為櫻花瘋狂，根據調查每人平均一年花見一點七次， 這是指隆隆重重的帶了食物到公園裡賞櫻，而不是走路不小心撞到或車窗裡驚鴻一瞥的驚艷。有人在兩個月前就開始準備，平均約兩週，最遲的是在兩天前看了花開訊息再到附近的公園賞花。讓人訝異的是竟有很大的比例喜歡一個人賞花，勝過和戀人同行，大概是一個人隨興自在，更能細品領略花開花落的美好意境吧？

正因為櫻花的花事匆匆，而且花訊飄忽不可捉摸，所以賞花真的需要一點運氣。日本人就近可以隨時調整花見日期，但是對於遠道而來的旅人就不是那麼方便了，搭飛機又不是坐火車可以買站票或臨時變更行程。所以選日不如撞日，只要掌握個八九不離十

就夠了，其他就完全要靠幾分運氣了。我在京都遇過一位台北來的女老師，連續三年追櫻，結果都失望而回，我在旅館遇到她時，她正整理行裝準備去搭機。那天，京都花開才三分。

追櫻的人必須充分掌握資訊，到達一個城市第一要問的是哪個景點的花開得多，通常在車站都有花開幾分的看板，若是在京都，真沒看到花時至少得去高瀬川和白川附近繞一繞，因為這兒人多溫度會稍稍高出一些，櫻花一定是最早開的（呵呵這個沒根據，是我猜的啦）。或者就像我和老公有一年追櫻，從湯布院、別府、福岡、廣島、岡山，一路追到大阪、京都去，把路線拉長，隨著櫻花前線推進，果真看花看到飽。

今年我算是決定得晚了些，差點訂不到機位，可苦了我另一群補不到位的旅伴，必須改由福岡進出，再搭夜行船來相會。

多情春櫻，叮得等等我們喔！

／夜晚的白川，賞櫻人尚未歸去。

春夜．
櫻花不睡覺

將夜，我從橋本關雪紀念館出來，踏入哲學之道的櫻花叢裡。

下著微微的細雨，賞花人尚未歸去。

櫻花正盛放。雨絲落在花上凝成了水滴，掛著水滴的花瓣映著燈光，
像亮著一盞一盞小小的燈籠。

心中突然一動，覺得櫻花正秉燭，她不想睡覺。

京都的櫻花很依戀人，越是人多的地方越是開得熱烈，迎著你，像

淺笑盈盈的舞伎，輕啓櫻唇欲說還休。走過高瀨川旁的小徑，櫻花拂過水面，拂上了衣襟，好像要親你吻你。

白天看花看不完，夜晚還是看花去。沿著高瀨川走兩回，再沿著白川走到八坂神社，走到圓山公園去。一路上白川蜿蜒，河岸旁的木屋隱隱約約傳來音樂和嬉笑的聲音，透過如垂簾一般的枝垂櫻望進齒內，燈色迷離，人影綽約，許多旖旎故事正在上演，引人遐思。夜櫻不睡覺，她看著人間離合悲歡。

我和櫻花　樣，喜歡這樣的春夜。

圓山公園裡聚集了一群又一群的賞花人，鋪地為席，有人低聲談笑，有人縱情歡飲，舉杯邀櫻花共醉，不醉毋歸，今夜不睡覺。或醉倒櫻花樹下，蓋一床落櫻織就的錦被。

或者到平安神宮去，趕卜一場音樂會。曼妙的音符在幽微的夜色裡迴

上／雨滴，像小小的燈籠。
下／透過如垂簾一般的枝垂櫻望進窗內，許多故事正在上演。

漩，柔美燈光下的櫻花，投影水面，春風裡舞動的纖纖素手，彷彿也在輕輕彈動，撫慰著你的心。這真是一場美好的盛筵。

這樣的春夜，我和櫻花一樣，不想睡覺。

沿著白川走回旅店時，我一路尋思。櫻花已開到盡頭，花事何其匆匆，雖是一年一會，櫻花年年依約前來，她會否記得去年的賞花人？

不捨春光，今夜我和櫻花一樣，不睡覺。

上／櫻花年年依約前來，她會否記得去年的賞花人？
下／轉朱閣，低綺戶，照無眠？

／白川夜櫻。

／華燈初上，白川更添旖旎春色

／花影映窗，引人無限遐思

絕美河岸櫻
推薦四條京都最美賞櫻路線

／河岸櫻把城市妝點得更加春光明媚

櫻花，聽說依花瓣、顏色、花期、原產地等等來區分，在日本大約有三百多品種，我不曾深入去探討，只顧著春天快快樂樂賞花去。我當然認識最普遍的染井吉野櫻、枝垂櫻、八重櫻、寒緋櫻，再要去細分就不知了，看過了造幣局的櫻花，回來後拿起相片一看什麼名字都記不得了，腦海裡一片漿糊。只好用最簡單的分類法：長在公園的叫公園櫻、長在寺廟的叫寺櫻、在城守的叫城櫻、在河邊的叫河岸櫻，種在家裡的就叫家櫻……

我最愛的是河岸櫻，因為那種壯闊的美麗，會讓人屏息靜氣，在心裡驚嘆不已。

幾年來在日本追逐櫻花，常常循著水路去尋
找。十分驚嘆日本人城市規畫的用心，城市必
有河川，川岸必然種著櫻花，每年春天一到，
繁花簇擁開得熱鬧，牽動了多少盪漾的春心。

京都有幾條河川流貫，賀茂川、桂川、高野
川、宇治川、鴨川以及它的支流高瀨川、白
川……，沿岸風景明麗，有些闢建為河濱公
園，是京都人最喜歡的休憩地，也是知名的賞
櫻景點。特推薦給您四條讓我流連再三的河岸
櫻路線：

／哲學之道寫生

京畿春花一瞬

上／晨光曦微，走在這樣的花道上，會讓人
想要一直走一直走，走到春天的盡頭。
下／哲學之道的關雪櫻，花開勝雪。

＋ 哲學之道

到京都賞櫻的人，沒有人不
認識哲學之道，也沒有人不
到哲學之道。

有人戲稱它是「水溝櫻」，
因為它只是一條小小的琵琶
湖疏水渠道，稱不上是河
川。不過它卻是日本之道百
選之一，是頗有名氣的美麗
小徑。

原先的渠間小道大概也沒
什麼風景可言，但是因它
鄰近京都大學，京大的哲

學教授西田幾多郎常常徘徊小徑，思考人生哲學問題，所以大家就稱之為「思索的小徑」。之後畫伯橋本關雪夫人寄贈了櫻樹，在渠道兩岸種植，未幾年蔚然成櫻花隧道，春天花開勝雪，人稱「關雪櫻」。一九七二年，這條美麗小徑被正式命名為「哲學之道」。

通常，我會一早就搭巴士來到銀閣寺前，參觀過銀閣寺之後再彎進白沙村莊。我很喜歡白沙村莊，這個橋本關雪所居的迴遊式庭園，規模不大但精巧可喜，池庭、茶室步步生景，頗堪玩賞。時間不趕的話坐下來喝杯抹茶，看窗外川流不息的賞花人，鬢影衣香與花爭妍，也是一樂。

哲學之道全長一點六公里，沿途許多喫茶店和京物小鋪，坐坐咖啡館買買小東西，逛起來饒有興味。或帶了食物茶水，在花下享用午餐也是很寫意的事。

／哲學之道上的京小物攤子

上／南禪寺（沈映伶・攝）
下／南禪寺的三門高22公尺，有「天
　　下龍門」之稱。

哲學之道的盡頭是若王子神社，然後轉進永觀堂和南禪寺。

永觀堂是紅葉名所，秋天三千株楓紅讓人驚艷。其他季節也
是好景無限，尤其是國寶「回首阿彌陀」，佛心普渡，彷彿
正慈悲的引領著眾生。

前往南禪寺的途中，巨松夾道。一進三門，但見幾根巨大廊
柱，雙手抱不攏，宏偉壯觀，令人肅然。南禪寺境內有很多
具代表性的日式庭園，尤以國寶大方丈庭園最為有名，據稱
是江戶時期枯山水庭園的代表作，已被指定為日本國家名
勝。南禪寺附近的名物是湯豆腐，值得特地前往品嚐。

／岡崎疏水渠的十石舟

CHAPTER 1

京畿春花一瞬

之後，我繞過蹴上廣場、傾斜鐵道，轉進琵琶湖疏水渠，經神宮道到平安神宮去，以上這些都是賞櫻名所。如果晚上平安神宮有音樂會，那麼請你一定要留下來，音樂會在神苑舉行，燈光、湖水、音樂與夜櫻的結合，意境高妙，絕美情調讓人盪氣迴腸。

等待音樂會的時候，你就去附近逛逛美術館，或搭十石舟遊岡崎疏水渠賞櫻，再去吃個晚餐吧。期待一個美好的音樂饗宴。

＋ 高瀨川、鴨川

櫻花季節，如果搭阪急電鐵到河原町站，一鑽出地面，照眼的就是高瀨川的櫻花。我喜歡高瀨川。

高瀨川河岸櫻

木屋通人車擁擠，原本要將高瀨川地下化以拓寬馬路，因居民反對才得以保留高瀨川現況。

高瀨川建成於一六一四年，是豐臣秀賴命富商角倉家族所建的運河，原先只開鑿九条到五条的水路，用來運送桂川流下的木材和物資，後來擴建到二条。由二条到九条伏見港的高瀨川，全長十一點一公里，寬八米，航行長十三米寬兩米的十五石（二點二七噸）高瀨舟。

在江戶時代這條水路十分繁忙，由京都運出二輪車、農產品，再由大阪運入柴米油鹽醬油等生活用品，有時也運送武士和流人罪犯。高瀨舟到伏見港卸貨後換成較大的船，然後匯入淀川水系運送到大阪去。

春天的高瀨舟，載不動幾多愁？

CHAPTER 1

京畿春花一瞬

／高瀨川岸的店家

高瀨舟在古時也肩負另一項功能。那時的高瀨川沿岸聚集了許多旅籠和料亭，特別設置了「糞問屋」，專門搜集這些店家或住宅的屎尿，再用高瀨舟運送到伏見、宇治的農家去。

一條高瀨川，對京都人來說真是功德無量。現在早已不運行高瀨舟，但水路依然暢通，自二条開始，沿著木屋通，匯流鴨川、宇治川和淀川水系，向著大阪奔流而去。

木屋通一帶的高瀨川位居繁華市中心，沿岸遍植染井吉野櫻，在春風裡搖曳生姿，為店家增添了無限風情。

和高瀨川平行的鴨川，則可以說是京都的母親河了。在四条橋到三条橋的這一段河灘，設置有情人座，是情侶們最喜歡的約會場所。夏天更是乘涼的好所在，黃昏以後人群陸續聚集，直到夜深還不想離去。

這其間有一條小小的鴨川分流，夏天到了，許多店家就把營業範圍延伸出來，在上面搭建納涼床，茶屋、料亭人客如流，笑語喧喧，允為京都的夏日風物詩。

高瀨川來回走幾遍，再逛完木屋通、先斗町，

／高瀨川

逛到鴨川河岸吹吹涼風。若是白天，則不要忘了跨過四条大橋，走兩趟對岸人稱「花之迴廊」的川端通，櫻花拂面吻著你，相信你早已醉倒在春天的懷抱裡了。

✛ 白川・祇園白川

黃昏，我和白川的櫻花有約。

在夜色將臨的時候，我跨過四条大橋，走到川端通，向左一百五十米左右就看到白川了。將晚的暮色裡，街燈和店家的燈火次第點亮，瑩白燈光映照著如雪櫻花，燦亮如白夜。枝垂櫻如簾幕一般垂落窗前，窗裡人影綽約，隱約可見藝妓舞妓的嬌美身

／冬天的鴨川，飛來百合海鷗

鴨川三条大橋的枝垂櫻

影。祇園白川，流漾著幾分情色曖昧和浪漫的幽
微氣氛，格外引人遐思。

白川，全長九‧三公里，源自比叡山南麓，因為
沉積於川底的花崗石砂礫色白而且輝耀奪目，十
分美麗，所以稱之為白川，所產川砂是枯山水庭
園和燈籠、石碑的材料，誠是京都的重要寶物。
平安時代白川附近多花田，常有白川女推著載滿
鮮花的二輪車來到城裡沿街叫賣，現在已看不到
這樣的景色，但每年十月二十二日的時代祭，仍
有白川女獻花的行列。

CHAPTER 1　京畿春花一瞬

可惜白川南通暗渠化，在修築下水道之後，部份
的白川隱而未見。祇園新橋地區則存在著五十餘
棟傳統京風町家，保留了傳統茶屋、數寄屋的樣
式，已被指定為「傳統建物保存地區」。當年的
這個街區曾是有名的花街，例如茶屋「大友」，
儼然是藝文沙龍，聚集了文藝藝妓、祇園歌人和
文人雅士。也曾是夏目漱石、尾崎紅葉、谷崎潤
一郎等人流連的地方。

沿著白川前行，再繞道花見小路，然後折往八坂
神社和圓山公園，去看人稱妖姬的枝垂櫻女王。
這棵年近八十的枝垂櫻在夜晚的燈光映照下格外
好看，所以也有人稱她為「夜櫻女王」。根據記
載夜櫻女王是第二代，京都植藤造園的第十五代
櫻守以初代櫻的種子成功育苗，所以當初代櫻於
一九四九年枯死之後，第十六代櫻守佐野藤右衛
門便將二代櫻移植了過去。說不定垂垂老矣的今
日女王也已經有了第三代櫻在等著接棒。這樣的
處心積慮未雨綢繆，可見櫻花栽植照護之不易。
也難怪這妖姬已成京都之象徵，京都人每年不來
向女王請安問好便不像在過櫻花季。

花見小路

上／在先斗町巧遇舞妓
下／白川通也是很容易撞到舞妓的地方

八坂神社乃全日本祇園社的總本社，主事消災解厄長保生意興隆。鄰接的圓山公園則越夜越美麗，設有許多茶席，人們圍聚喝酒賞櫻，興味酣然。公園裡植有各種櫻花，姿容各異，白天晚上面貌不同，迴遊式庭園，值得你白天再來仔細欣賞。

✛ 賀茂川

我的旅館在四条大橋附近。如果我從四条大橋出發，沿著鴨川向北行去：

四条大橋→葵橋、下鴨神社，三公里，約一小時。

四条大橋→北大路橋、府立植物園，四・五公里，約一小時半。

四条大橋→御蘭橋、上賀茂神社，六・八公里，約兩個半小時。

／圓山公園夜櫻女王

沿著鴨川一直向北行，接賀茂川，河濱都有散步
道，可行可止，景色優美。沿途可以上街找食堂
或喫茶室，飲食不成問題。再加上交通方便，什
麼時候不想走了，跳上公車便可免除雙腿勞累，
真是一條很理想的散步賞景路線。不過一般人大
概不會想要這麼累，或許時間也不允許，那麼就
搭巴士或地鐵烏丸線到北山站或北大路站吧。

出站再走個幾分鐘就是府立植物園。這個植物園
據稱是全日本第一，也是最早設立的公立公園，
成園於一九二四年，占地二十四萬平方公尺，
擁有一萬二千種十二萬株的各類植物。由正門進
入，但見近百齡的櫸樹、樟樹夾道，綠蔭深濃。

／夜晚的八坂神社

草坪廣達一萬五千平方米，還有梅
林、竹林、玫瑰園、牡丹園、茶花園
等等花木園區，四時花開不斷。

春天裡最吸引人的莫過於櫻花林了。
園內共植有七十種五百棵櫻花，早開
的晚開的都有，可以由三月底一直開
到四月底，引來萬千賞花人流連忘
歸。還有一個「櫻品種見本園」，種
了祇王寺祇女櫻等五十種珍稀品種的
櫻花。誠然是賞櫻的最佳名所。

植物園西邊賀茂川的東岸，還有一個

圓山公園賞夜櫻的茶席

「半木之道」，長約十百米，種植了七十三棵紅枝垂櫻，這是京都鴨川獅子會和京都府在一九七三年所植，負責栽種的正是第十六代櫻守佐野藤右衛門。據說現在的賀茂川沿岸，從出町柳到上賀茂神社的這一段，總共植下了五千棵櫻花樹，春天花開如霞，是春神最美麗的畫幅。

走過群櫻亂舞的半木之道，再北行，就是上賀茂神社。

上賀茂神社奉祀別雷大神，是京都最古老的神社，亦是地位僅次於伊勢神宮的大社。該神社與七世紀後期建成的下鴨神社齊名，已被登錄為世界文化遺產。

通過參道和鳥居後，便見細殿前有兩座圓錐形的立砂，據說其形狀乃是模仿別雷大神降臨的秀峰神山堆塑而成。本殿和權殿是國寶級建物，其他尚有三十四棟建築物，現存最早的建築年代是一六二八年。

CHAPTER 1

京畿春花一瞬

／鴨川河岸

我比較感興趣的是每年四月第二個星期日在涉溪園舉辦的賀茂曲水宴。據記載上賀茂神社舉辦曲水宴始於一一八二年，之後一度中斷，一九九四年藉由皇太子御婚的慶祝活動再度重返舞台。過程仿照王羲之蘭亭集序所述的行事，重現平安時期貴族享樂的場景。平泉的毛越寺則更早，在一九八五年就恢復舉辦，今年已是第二十七屆。

對於這個曲水宴能在日本保存得這麼好，我一直心有戚戚。飲酒賦詩這樣風雅的行事原本是我們老祖宗的文化遺產，卻在流落異邦後變成別人的珍寶，豈不令人悵憾。悵憾之餘我也計畫下次再來時要親自參加盛會，感受一下那種「天朗氣清，惠風和暢，極視聽之娛」的文化饗宴氛圍。

上賀茂神社也是賞櫻名所，不可錯過的是「齋王櫻」和鳥居旁的「風流櫻」。出得門

旅遊隨手貼

鴨川的上游是賀茂川，與高野
川匯流後才稱為鴨川，流貫京
都，在伏見港匯入淀川水系後
至大阪出海。現因賀茂川和鴨
川的日文讀音都是かもがわ
（KAMOGAWA），因此已有許
多資料把賀茂川和鴨川統稱為
「鴨川」，不久之後，「賀茂
川」這個名字說不定就要消失
了。行走鴨川，最愛是春日裡的
天朗氣清，我邊走邊吟著杜甫的
詩句，邊在春風裡輕笑：

　　　黃四娘家花滿蹊
　　　千朵萬朵壓枝低
　　　留連戲蝶時時舞
　　　自在嬌鶯恰恰啼

多麼淺白有韻味，把「蹊」改成
「溪」就更切合主題了。

來，東行五十米便是神官居住的
「社家」，沿著明神川築屋而成的
社家街道，粉牆修潔，屋舍儼然，
已被指定為「重要傳統建物保存地
區」。

然後，興盡而歸。應該也沒力氣再
走回頭路了，那麼，就搭巴士回旅
館吧！

造幣局的
珍奇櫻花

／大阪城

二〇〇七那一年，我從九州的福岡、別府、小倉開始，一路追櫻追到
姬路、京都去。旅程結束的前兩天來到了大阪，剛好遇上造幣局櫻花
道開放，真是喜出望外，立刻加入了人潮洶湧的賞櫻戰局。

大阪府北區天滿橋附近的淀川沿岸，自古以來即是欣賞春花秋月的著
名景點。選擇在此成立造幣局，是因古代交通仰賴水運，淀川水系提
供了這樣的條件。造幣局建成於一八七一年的明治年間，主要任務是
製造錢幣和勳章，屬國家機關重地，自成一個封閉體系，除大型機具
和原料銅購自國外由船隻運抵之外，其他機材大都自製，力求自給自
足。聽說廳舍「泉布觀」是大阪第一棟洋式建築，也率先在這兒「斷

髮」、「廢刀」，並且流行穿洋服，是明治初年歐美文化移植的先驅。

造幣局建成之後，移植了一些近鄰藤堂家培育的櫻樹，有不少他處少見的珍貴品種，每年花開麗景無雙。當時的遠藤局長作風開明，認為把這樣的美景私藏，只供自己局裡的人欣賞真是太可惜了，就建請明治天皇批准開放給民眾賞花，因此從一八八三年開始，國家重地的造幣局，在每年櫻花季對民眾開放一個星期。

／淀川沿岸櫻花綿延四里長

／毛馬櫻之宮公園

我搭JR大阪環狀線在櫻之宮下車，出站後沿著淀川向前走。櫻花夾道，春風細微，飄著若有若無的雨絲。濡濡雨意，這樣的天氣是很適合賞花的。淀川河岸的櫻花已開到最盛，應是停駐枝頭的最後階段了，或許明天就要飄起櫻花雨。

在櫻花隧道下大約走了五百米，就到了造幣局的南門入口。

一踏進門裡，但見萬頭鑽動，賞花人摩肩接踵，人潮真是太多了。擴音器用台語廣播著：

請你順序向前走，嘸通回頭，嘸通倒頭走，嘸通影響別人……

/淀川河岸毛馬櫻之宮公園的櫻花

我不知道他為何只用台語廣播,那聲調低沉平板,聽起來有點可笑,更十分煞風景。

這櫻花道全長五六○公尺,目前種有一二七個品種三百五十四棵櫻花,很多是來自全國各地贈送的珍稀品種,例如關山、普賢象、松月、紅手毬、芝山、楊貴妃等都難得一見,至於紅手毬、大手毬、小手毬及養老櫻,則是絕無僅有,他處見不到的名貴品種了。(不過造幣局廣島支局或許也會種植)。

這些櫻花的確珍奇美麗,顏色有粉有白、有絳紅淺紫,甚至還有淡綠色。花形更讓人驚

/一葉

/鬱金

CHAPTER 1 京畿春花一瞬

／綾錦　　　　／小手毬　　　　／楊貴妃

／造幣局在櫻花季對外開放一星期，遊客擁擠。

艷，很多是重瓣的八重櫻，常常二、三十朵聚成一束，十多束再成簇、成球，真是花團錦簇艷絕群芳，姿容大不同於一般習見的染井吉野櫻。染井吉野櫻易栽易長，生長快速，所以遍植於日本各地，尤其在田野川岸，成排成林，花色粉白，遠觀如淡彩雲霞，所表現的是另一種數大之美。

造幣局的櫻花的確較宜於近觀細賞，仔細賞玩繁複多姿的花形花色。可惜賞花人實在太多了，根本無法佇足，連想好好的拍張照片都很難，一再被警衛催著走，好不容易搶拍到的幾張，一看竟都是失焦的。也不可能兼顧花道的兩旁左右來回慢行細賞，最好的方法就是專心看完一邊，到盡頭出去後，再走回南門排隊看另外一邊。

CHAPTER 1

京畿春花一瞬

人潮到底多到什麼程度？我算一下給你聽：以一天平均十萬人次來說，每分鐘的通過量是一五〇人，周六周日的尖鋒時段簡直就是足不點地被推著走了。雖然人潮擁擠像大拜拜一樣，但能夠看到這麼多珍稀品種的櫻花，我還是覺得很滿足的。

日本人向來喜歡說：一生當中一定要去伊勢神宮參拜一次、要去奧入瀨溪流走一回、要去富士山要去金刀比羅宮……什麼什麼的。我再來加一條吧：喜歡追逐櫻花的人，一生至少要去造幣局的櫻花道朝聖一次。

這樣的花見之行，才算圓滿。

／大手毬

／御衣黃

旅遊隨手貼

那一年的追櫻之旅眞是太完美了，趕巧碰上造幣局較往年提前開放。

淀川櫻花隧道、造幣局櫻花道和大阪城公園都同在一個區，徒步可達，可以在一天中輕輕鬆鬆的遊賞。可惜的是造幣局的櫻花大都屬於遲開的八重櫻，開放的時間通常在四月中旬，那時，淀川沿岸的染井吉野櫻大約都已謝了，開始長出新葉。

要想盡得風流千萬難，這眞是難以兩全、美中不足的事。

或者，另外安排個行程，賞過了造幣局的櫻花後，再繼續向北追櫻吧。

CHAPTER 1　京畿春花一瞬

那年夏天
我在京都

／先斗町料亭林立

那年夏天
去北海道賞過了薰衣草，之後
我一個人留下
在京都

黃昏時刻，我來到鴨川
手上提著從高島屋買來的壽司和飲料
還有一小瓶氣泡櫻桃酒
天色未暗，有點霞色，店家的燈火已次第點亮

將晚的鴨川，人群漸漸聚攏
像要發生什麼事
或要看什麼好戲
三五成群，各成集落
我孤獨一個人

傍著鴨川，我從四条橋走到三条橋
再從三条橋走到四条橋
天色暗了下來
我坐在一張情人椅上
慢慢吃著我的晚餐

我一個人
說不上寂寞或不寂寞
是旅人隨遇而安的情緒
淡淡的期待
有什麼事就要發生……

生平第一次的單獨旅行，我在
京都。

那一年的夏天真熱，一夥人去
北海道看過薰衣草，因為回
程的班機滿座，我自願留了下
來，而且在京都多留了幾天。

雖然一個人，但我是很快樂
的，平時沒有單獨旅行的機
會，總有一群朋友跟著，而且
單獨旅行家人也不會放心。這
次總算逮著了機會，名正言順
的一個人留了下來。

在關西空港和朋友分手，我搭
Haruka直奔京都，住進了鴨
川畔的小旅館。

CHAPTER 1

京畿春花一瞬

／宇治川

/紫式部塑像
/乘坐京福電鐵小旅行

/京福電鐵一日券

第二天參加京阪巴士一日遊，去了宇治。

好笑的是當時我的日文識不到幾個字，導遊小姐哇啦哇啦說些什麼根本有聽沒有懂，還好同團的人對我很是另眼看待，一對名古屋來的母女總記得幫我拍照，並隨時招呼著我。

但我還是走失了。

在一個轉角我心無旁鶩的只顧著拍照，一晃眼就跟丟了，慌慌張張跑到入口處去問車子會停在什麼地方，又到處去找同團的人，總算被我找著青森來的淺間夫婦，原來這一站要停留二個半小時，包括午餐和自由參觀。我沒聽懂導遊說的話，把地圖和資料都放在車上了，如果沒遇到淺間，這兩個半小時還真不知要如何渡過，也不知會有多著急哩。

我有點不好意思的請求淺間夫婦讓我跟著他們。

「那麼，吃飯呢？」

當然也要跟啊。跟著去吃飯，跟著去吃冰，跟著去買「歐米呀給」，簡直像個超級電燈泡，我緊迫不捨，亦步亦趨的跟著，生怕一不小心又把自己搞丟了。上車時全團的人都知道我走失的事，導遊說看不到我她也急得不得了哩。還好有淺間夫婦，大家都幫我用力拍手謝謝兩位貴人。

後來在醍醐寺，東京來的上班族木村小姐拉著我去抽籤，她抽到招財貓，我抽到「無事かえる」的籤文，兩人交換著看，比手畫腳高興的相擁而跳。

／龍安寺枯山水庭

／枯山水禪意各有領會

回程坐在車上，看著街燈一盞一盞的亮起，我累得閉上眼睛休息，心裡卻忍不住突發奇想：如果在宇治，我果真迷路了，沒有找著我的旅遊團，那麼他們會怎樣？會派警車歐伊~歐伊~來找我嗎？

／禪豆腐

第三天我買了京福電鐵一日券，打算把京福鐵道沿線的景點都一一遊遍。

由廣隆寺開始，然後是太秦映畫村、天滿宮、金閣寺，以及等持院、龍安寺……等等。這些景點下了電車都要走一段路，天氣實在太熱，我揮汗如雨，顯得有一點氣躁和狼狽。但是很神奇的是進到寺院裡便覺一陣清涼，

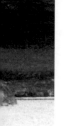

坐在廊沿下，靜靜望著或庭植或枯山水的一方淨土，頓覺胸中無比清明，有時竟跌入無邊的寂然和冥思裡。

記得從龍安寺出來時，經過小街的豆腐店，好奇的進去買了一方水豆腐，賣豆腐的婆婆拿盒子幫我裝著，還給我薑汁和一小塑膠瓶的醬油。我提著到嵐山渡月橋。這豆腐就成了我的午餐。

夏天的京都實在太熱了，我覺得自己像一隻快被曬乾的狗，無精打采的吐著舌頭。耐不了暑熱，找間小咖啡館喝了一杯冰咖啡，我就搭車回鴨川畔的旅館睡大覺去了。

夜晚的鴨川河岸，人影幢幢，有一點小小的喧鬧，時不時便爆出一串年輕的笑聲。

／嵐山友禪藍染

／嵐山的京物小鋪

白日裡奄奄一息的京都，彷彿活轉了過來。旅人、年輕的學生、下了
班的白領，不約而同都向鴨川匯集。有人鑽進先斗町的料亭，有人閒
步在木屋小巷，更多的是坐在鴨川河岸乘涼。

來自河面的輕風徐徐吹著，感覺全身的肌膚骨節都輕快舒爽極了，
一掃白日的鬱悶之氣。許多料亭在夏天沿著河岸搭起了涼棚，呼盧喝
雉，杯觥交錯，夜晚的鴨川別有一番浪漫的情韻。

找去吃了拉麵，再去高島屋買了零食，還帶一小瓶氣泡水果酒，在河
岸找個地方坐下來。夜色幽微，人人看來都自由而快樂，都有自己的
一小片天空，沒有人會干涉妨礙到你。

我沉浸在旅人有點寂寞有點陌生有點詩情的氣氛裡，在心裡自己快
樂著。

「去幫我買一包煙吧！」

左近突然傳來熟悉的語言，轉頭一看，原來是一對父子，父親三十開外，穿拖鞋短褲手裡搖著一把扇子，孩子約莫五歲，拿著錢跑開去了。

「啊你說華語喔，請問來自哪裡？」

哈爾濱。

上／渡月橋　下／嵐山站

他說他姓高橋，才來三個月。父親過世了，在日本的母親把他們父子三人接到京都來，目前在高島屋工作。

「那很好啊，和母親一起生活，彼此有個照應。」

才不呢。原來他母親是日本人，在他三歲時就離開他回日本，並且再婚了，和他沒有感情，把他接來，卻不怎麼關心他。

「在高島屋工作很好啊，一到日本就有工作，很幸運的。」

也不好。因為做的是搬運工作，整天出賣勞力，沒辦法交到朋友，很孤單……

／夜晚的鴨川

我說那你就找機會多學習啊，學學語言學學電腦什麼的，有機會就換個工作。

很難很難的。他說。

一個新移民的滿肚子苦水，柴米油鹽，生活的確是不容易的。

我們有一搭沒一搭的聊著天。常常就沉默著，各想各的心事。

直到夜深，他回他的家，我回我的旅店。

鴨川的人潮漸漸散了，夜已深。

上／先斗町上有名的九条蔥料理名店
下／那年夏天的鴨川

／先斗町

旅遊隨手貼

許多人到京都都變成了螞蟻人，到處去尋找京風味的甜食，例如鍵善良房和都路里，不去吃好像就沒到過京都一樣，中村藤吉更是一定要去報到的。第一次聽到這名字還茫然不知其所指，看了照片才恍然大悟，那個宇治的中村藤吉本店，我早在十多年前就吃過了啦。

就是那一年夏天，我在宇治差點丟掉的那一次。迷路之後我緊緊跟隨著淺間夫婦，跟他們去吃飯，跟他們去吃冰。中村藤吉的宇治金時冰淇淋我當然記得，觀光一日遊行程的資料袋裡就有中村藤吉的折價券，而且為了表達感謝之意，吃完冰淇淋之後我很上道的付錢請客，所以我記得。

沒有拍照，是因為當時沒這麼紅，未曾預料到今日中村藤吉的厲害，2010年（平成二十二年）宇治的本店和平等院分店已被指定為「重要文化景觀」。

左／中村藤吉生茶果凍￥720
右／中村藤吉抹茶紅豆湯圓￥760

秋天
像一首詩

／硯石亭的賞楓茶席

為了趕搭早晨七點十五分前往高雄地區的JR巴
士，昨晚我選擇住在京都車站附近的旅館，匆
匆吃過早餐後直接衝過來排隊，時間剛剛好。
當然，如果你不想早起，也可以搭其他的班
次，但我覺得這班車一個小時後到達高雄，遊
客還不算太多，可以比較悠閒的賞景。

今天是啟用觀光二日券的第一天。來京都，如
果想要到比較遠的地方，例如高雄、大原三千
院，我就會選擇觀光一日券或二日券，因為這

還包括地鐵，接下來的行程可以到處趴趴走，坐錯了車也沒關係，再換個車就會到達，不用擔心浪費了交通費。

賞楓旺季的人潮是很可怕的，巴士擠得像沙丁魚。不過交通調度倒是很有效率，像京都駅前的JR巴士站，一看到隊伍排得老長，就立刻電話聯絡調集車輛，加開班車。但還是建議往起站搭車，因為中途站幾乎是無法上車的。

／秋天讓人陶醉

／前往神護寺途中的茶屋「硯石亭」

CHAPTER 1　京畿春花一瞬

／浪漫秋光

／東福寺秋色

高雄地區最著名的景點是三山三寺，即是高雄山神護寺、槙尾山西明寺和栂尾山的高山寺。我想要三個寺都走完，本來應該在「山城高雄」這個站下車的，這裡離神護寺最近，參觀完神護寺後再依序到西明寺、高山寺，然後在栂尾搭車返程，栂尾是很多班次車子的起站，搭車應該比較容易。

但是我們這班車上的人好像都不在「山城高雄」下車，我有點狐疑，但也決定跟著坐到栂尾。這好像也有一點道理，從高山寺一路走下來，山路的確好走得多。

旺季不比淡季，只要跟著人群走就絕對
不會迷路。我跟在一對夫婦後面，去到
巴士站旁的小店，要到了一張三寺的步
行路線圖，並問清楚大約的方向，就輕
鬆上路了。

由巴士站出發，先到高山寺，然後穿行
山間林徑，到達西明寺和神護寺，慢行
慢賞，估計大約需要四個多小時。我其
實並不識得路，跟著遊人走就是了，所
以若叫我淡季來，路上前無人後無店，
寂寞的行走山路，我想我是會害怕的。

我不太能確定京都的楓紅是由市郊山林
燃向市區，或是市區林園的紅葉先點
燃，然後　把火燒向市郊。楓紅像櫻花
開落，總不能估算得精準。而且受天氣
的影響太大，我聽攝影的朋友說，有一
年京都的楓葉三日之間全部落盡，根本
來不及移動拍攝。秋光短暫，常常讓人
無端的愁上心頭。

CHAPTER 1

京畿春花一瞬

／東福寺楓紅初染

啊休提秋心一點愁,秋天應該像一首詩,淡
遠、高妙、悠然,而且美麗,讓人歡賞流
連。走在林間小徑,看霜楓醉染,山景像一
幅彩色潑墨畫,這大自然的畫師真是玩瘋
了,潑下了一桶一桶紅的黃的綠的藍的油
彩,把秋山渲染得繽紛多彩。我覺得賞秋還
是得到山林來,那樣的多彩多姿,那樣的顏
色飽滿,比單純的紅葉好看多了。

走出林道時,有時會傍著清瀧川,有時會走
過小橋,在林間則常常會和茶庵茶亭相遇。
這些茶亭所在的地點都景色絕佳,例如高雄
茶屋,例如硯石亭。露天茶席就在林間鋪設
的木地板,再放上小桌和墊子,眼前就是絕

色秋景。風在林梢輕輕吹送，幾片辭枝的紅葉就落在桌上，拾起題一首詩，寄語遠方或寫給自己，都是浪漫。此情此景，喝杯抹茶卡布基諾或吃個簡餐，也是無上的享受。

由神護寺參道入口到祂的山門仁王門，共有三百五十級階梯，頗為陡峭難行，一步一願力，無上、究竟、真常。境內金堂是重要文化財，供奉著國寶級藥師如來佛，以及日光、月光菩薩的立像。廟院裡楓紅處處，景色拔群。

參觀完循原路走下來，在「山城高雄」巴士站搭車返回京都市區，說不定還趕得及去紅葉名所東福寺拜觀。或還有體力，那就走東海自然步道，沿著清滝川走到嵐山去，兩個多小時的腳程，沿途景色美不勝收，值得一試，但要計算好時間。

最愛詩仙堂

／詩仙堂的大門「小有洞」

秋天的早晨，我啓用京都觀光二日券去三千院，
下了巴士之後，走在僻靜的小路上，經過幾家村
舍，有農戶把染了秋陽顏色的柿子擺在路旁出
售，一堆三個好大的柿子才賣五百日元。顏色蜜
黃真是漂亮，我在三千院買糰子吃的時候順便吃
了一個，拿手帕擦擦就連皮吃了，皮薄肉脆，吃
得汁水淋漓香甜無比，打算回程時再買它幾個，
沒想到已賣完收攤了。如果你也能遇到它算你幸
運，這秋天的滋味真是令人難忘啊。

／詩仙堂的三十六詩仙都是中華詩人

三千院下來後我搭車去曼殊院，然後閒步走向詩仙堂，大約二十分鐘吧，經過下松町宮本武藏和吉岡一門決鬥的遺址不遠，就是詩仙堂了。

踏進小小的竹籬笆門，登上一小段石階，但見眼前園林修潔精緻，景色殊麗。不過比起以前所見的大名庭園，這座園子真是顯小了，雖然池庭、枯山水、假山林木，甚至書樓茶庵一樣不缺，但這迴遊式庭園的規模的確是我所見過最小的。但是等我踏進書院的木地板，在廊沿下坐定，眼前景色的華美和靜定真叫我驚嘆，紅的楓綠的庭植，花開鳥鳴如詩如畫。轉進「詩仙の間」時，心情一無準備未有預期的我簡直驚住了，鋪設了榻榻米的木造房間裡，流漾著千古文學的芬芳，舉頭但見三十六詩仙的坐像，在牆上俯望著你，我環眼看過去，林逋、寒山、杜牧、李賀……，全是中華詩人，忍不住拿出了紙筆一路抄下去，看得管理的歐吉桑瞇瞇的笑著。

／詩仙堂宜於靜觀，滌清心靈。

　詩仙堂是一六四一年江戶時代石川丈山所
造，正確的名稱是「丈山寺」，位於京都左
京區一乘寺附近的凹凸窠，屬曹洞宗的一個
禪院，詩仙堂乃其中一間有著中華三十六詩
仙畫像和詩作的房間，久之以為名。另一名
稱「凹凸窠」則是因其土地高低起伏凹凸不
平是以名之。

昭和二年（一九三一年）詩仙堂被指定為日
本國定史蹟。

為什麼要建詩仙堂？堂主石川丈山的好友林
羅山寫《詩仙堂記》時，開宗明義即指出：

「詩仙堂，為何而作也，石山丈人為避世以遊而作也。」

那麼，我們再來瞭解石川丈山這個人吧。

石川丈山是江戶時代的詩人、書畫家，能做漢詩，還精於茶道和庭園設計。青壯年時曾仕德川幕府，後在大坂夏一役因爭功違反軍紀而被黜，罰他回家去懺悔思過，就此離開了德川家，曾剃度在妙心寺出家。後來幾度出任武士，皆因稱病湯治或藉口侍母病而辭官。晚年賣藏書、節衣食、傾注俸祿，造了凹凸窠「詩仙堂」做為隱居之所。

石川丈山看來自視頗高，恃才傲物，人際上也有潔癖，「四十年來，杜門養痾，未嘗近俗上，未嘗問俗事」，一生不近粉黛，沒有婚配，只交往六、七個文人雅士，相互酬唱切磋學問，專冶朱子學說和漢詩、隸書。

／詩仙堂旁邊小店的綠苔屋頂別有詩意

／此物一名「添水」，又名「僧都」。

關於三十六詩仙的選擇，石川和林羅山曾爭論過好幾回，林羅山推薦的王安石，石川不喜歡，最後只好排除在外。兩人也都不選日本詩家的詩，因為當代「言詩者數十百家，數十百家之中，不見出公之右者矣」，詩作既沒有超過石川丈山的，所以就不選了。選擇的標準當然都依主人的喜好，據稱包含了武仙儒仙道仙祖仙女仙等等，（但分明沒有女仙，我找了好久也找不出一個女仙來）。依石川出身武士的背景考量，推崇武仙自是可以理解，難怪左起由蘇武領銜。所選的詩也常有一股懷憂不遇之鬱，石川丈山的心事隱然可鑑。

三十六詩仙選定之後，委由當時名畫家狩野探幽繪於壁間，眾詩人排列於四壁，或坐或臥，姿態栩然，據稱舉凡年貌体勢和衣冠紳笏，都經嚴格考證，極具歷史價值。畫像的上方，則由石川丈山親自以隸書寫上所選定的詩作。

「詩仙堂」如何？

林羅山在《詩仙堂記》裡說：「一日幸應煙景之招，與春齋同往，丈人屣履迎之。即入衡茅，到其堂，直舛其樓，滴一路之空翠，洗九陌之市紅，快哉振衣台岳，則杉風晴而自含輝，濯足鴨河，則水月流而彌澄清。西瞻鳳城，仰王者之未竭；南望鳩嶺，敬神威之如在。……」

這樣的「詩仙堂」，難怪眾友崇之趨之，石川則「具雞黍、設茶果，不覺一日之暮也」。好友畢集，談詩論畫，玩賞四季園景，真是快何如之！

今人遊詩仙堂，雖然三百多年匆匆流逝，有些景色已有改變，例如不再能登高遙望大阪城，但是藉由林羅山父子三人所作的「凹凸窠十二景」的詠歎詩句，昔年景色依稀如在眼前。

更令我心潮起伏的則是，一座詩仙堂，讓我深深感受到日本受中華文化影響之鉅。我讀林羅山的《詩仙堂記》，或石川丈山的《僧都詩幷序》（爰有農器名之添水，添水者僧都也。古今集所載山田僧都蓋是矣也……），乃至柳谷散人所撰石川的墓誌銘，都覺沒有絲毫語言的隔閡障礙，像在讀《岳陽樓記》或《醉翁亭記》似的，酣暢淋漓深受感動，中日文化的交融不可謂不深矣。

詩仙堂，有詩有畫有庭趣，會讓你迴遊流連，與古人會心，徘徊躑躅不想離去。

▌旅遊隨手貼

> 1．三十六詩仙爲陳與義、黃庭堅、歐陽修、梅堯臣、林逋、寒山、杜牧、李賀、劉禹錫、韓愈、韋應物、儲光羲、高適、王維、李白、杜審言、謝靈運、蘇武、陶潛、鮑照、陳子昂、杜甫、孟浩然、岑參、王昌齡、劉長卿、柳宗元、白居易、盧同、李商隱、靈徹、邵雍、蘇舜欽、蘇軾、陳師道、曾幾等三十六家。
> 　　石川丈山的好友林羅山說，應再加上石川丈山變成「六六一」，所以石川丈山別號《六六山人》。六六加一，三十七詩仙是也。
> 2．林羅山是日本江戶初期的儒學家。本名信勝，號羅山，出家後法號道春。林羅山對德川幕府的各種規章制度和法令的制定貢獻很大，並對日本儒學的推展功不可沒。是石川丈山一生難得的知交。
> 3．林羅山文中所稱的「丈人」，即石川丈山。

京都二三事

／隱在櫻花叢中的秀仙閣

旅人，沒有不愛京都的。

比起東京來，京都顯然步調緩慢、不熱鬧、跟不
上流行，但是自有一種內斂沉穩底蘊深厚的風
華。儘管關東人嘲諷關西腔和京都人生活的摳
門，但是京都人照樣不急不徐，生活有自己的節
拍，有自己的講究，那樣的自在、優雅，也是別
處的人所比不上的。

京都城廓不會大得離譜，更由於京都人反對高

/秀仙閣的房間很樸實

/SUPER HOTEL

樓大廈,較少水泥叢林的壓迫感,整個城市給人舒舒服服的感覺。而且交通不複雜,即便是第一次來也不容易把自己搞丟。加上處處是美景,景點集中,適合形形色色的旅人,不管怎麼玩都能盡興。

關 於 住

到京都住哪裡最好?

那就要看你旅行的目的。

為了趕搭首發巴士,我住到京都站前的大型商務旅館。早期我也住過東山YH,一群人熱熱鬧鬧,還可以和其他旅人交換旅行見聞,比較不習慣的則是洗澡的問題,共浴那是當然,麻煩的是太晚去了門已上鎖,沒得洗。

賞櫻季節我喜歡住在鴨川附近四条大橋一帶,賞景逛街都方便。東橫INN四条或五条,甚至四条大宮,覺得也很便捷。現在有Super Hotel加入,也是背包客的最愛。另有一些人喜歡有特色的京町家或景觀好的民宿,例如住在哲

學之道附近，走出門就可飽覽櫻花，而且哲學之道旁有多家珈琲屋，早晨七點就開始營業，美好的一天就從一杯香醇咖啡開始，是多麼幸福的事。

有一年櫻花季我訂房訂得晚，搜遍訂房網站都已找不到理想的住宿地點。偶然間發現一家鴨川旁的小型旅館，就因為它在鴨川旁，其他條件合不合宜便都不重要了，一按鍵就給它訂了下去。

「秀仙閣」，真是「聳擱有力」，感覺像是藏了阿嬌的小酒家。的確是個小旅館，由幾位阿伯阿桑輪值經營。房間設備老舊，一把煮開水的電壺起碼有三十年歷史，櫥櫃也是很古老的樣式，頗有年紀了。連早餐也是很傳統的日式家庭的清簡早餐，兩片薄薄的蛋捲、一小碟漬物、一碗味噌湯，十足的清腸減肥食物，而且還要付費三百，所以有時我選擇不吃，去尋找清晨即營業的珈琲店。

但是，當我四處遊蕩玩了一天，在夜色裡回旅館，或是從白川、高瀨川一路賞著櫻花慢

/日式早餐
/口味道地的親子丼
/精緻套餐

步走回來，遠遠的看到「秀仙閣」三個字在花影裡閃亮，那種回家的感覺真是美好。

關 於 吃

到京都，誰會擔心吃的問題？

我喜歡到日本自助旅行，原因之一便是能夠自由自在的解決民生問題，豐儉隨意，在京都尤其是如此。

要吃得好或嘗試精緻京料理，網路上可以找到許多名店，在街道上走走逛逛也會碰得到，外觀的那種京都人特別會有的低調奢華很容易感受得到，先斗町也有許多料亭動輒幾萬日元一餐，我愛玩超過好吃，如此豪奢的消費會心痛不已，不

／吃碗拉麵解決一餐
／買個便當亦是一餐
／便利店買的泡麵

／到超市買水果
／甜點是一定要吃的
／咖啡是一定要喝的

／往返京都和關西空港的特急HARUKA列車　　／阪急電鐵　　／京都市巴士

敢嘗試。一般的日式套餐則到處可見，也可以簡單的吃
碗拉麵。有時為了節省時間就去找吉野家，燒肉飯、親
子丼，十分鐘解決一餐。

我還喜歡逛百貨公司的生鮮超市，晚上七點半左右，去
加入京都家庭主婦的摳門行列，搶購三割五割的便當和
草莓，也是非常有趣的旅行經驗。或到錦市場買一盒壽
司或紅豆飯，再加小黃瓜、蕃茄和蘋果，就是營養又健
康的一餐。

到京都，甜品是必吃的，咖啡是必喝的，還愛去便利店
找豆大福和起士。還有「西利」的醃蘿蔔，那種剖半淺
漬的白蘿蔔是我的最愛，總是先買兩條放在冰箱裡，有
時拿來配茶，有時拿來配葡萄酒，真是人間美味。

如果走著走著，有幸碰到臨時小販賣食物，那就更不

要錯過了，因為那常常是真正的京味食品。例如我曾在清水寺三年坂買過新鮮山椒調味的小小魚，好吃到鼓舌讚嘆。也曾在東福寺回程的途中，遇過一位提著籃子的阿婆，賣一種竹葉裹蒸的「粄」，包一點豆沙，淡淡的甜味和清香，有點像水晶粽，卻又是難以形容的京味兒……

旅行的萬般滋味，就從吃開始，不是嗎？

關 於 行

京都的交通雖有很多家交通公司在

CHAPTER 1

京畿春花一瞬

／京都地鐵
／京阪電車祇園四条站

／腳踏車是最方便的交通工具

／嵐電（嵐電官網）

／騎著小小單車去賞花

營運，看似複雜其實簡單，拿張交通地圖依顏色就能分辨其「轄區」，再依自己的目的地很容易就能決定要買何種票券。

交通公司大約就是市營巴士、市營的兩條地鐵線和阪急、京阪電鐵、嵐電和京都巴士，研究一下，互相搭配使用，就能玩得得心應手。現在的旅行應是更容易了，網路資訊多，行前多做點功課，更能玩得盡興。

我通常會買市巴一日券串聯各個景點，五〇〇日圓無限暢遊覺得很划算。也喜歡嵐電和阪急沿線的風景，尤其是櫻花開的時候，光只坐車賞景就覺得無比幸福了。如果使用一日券，遇到美麗的小站更能隨興下車，追著櫻花走一程。路途中的許多偶然，常常帶來意外的驚喜。

還有，別忘了腳踏車。尤其是第一次到嵐山，最好租個腳踏車，一間一間的去拜訪那些名剎，把初旅的履歷寫完整，以後，你就能在京都慢遊漫賞，玩得自在逍遙了。

至於京都到關西空港的交通，不必再考慮其他，就是HARUKA。

CHAPTER 1

京畿春花一瞬

Chapter 2
本州、九州、四國追櫻

Ⓐ 皆生溫泉SEA SAID HOTEL

地　　址│鳥取縣米子市皆生溫泉3-4-3
電　　話│0859-34-2222
房 間 數│95室
宿泊費用│￥9975～/人（一泊二食）
交通指南│JR米子站搭巴士約15分，再步行5分即達。

Ⓑ 千代酒造

地　　址│境港市大正町131。
電　　話│0859-42-3191
營業時間│9：00～17：00
　　　　　（「藏や」10：00～16：30）
休 息 日│全年無休
　　　　　鬼太郎、貓娘、鼠男造型酒瓶的地酒
　　　　　是有趣的商品。附設茶房，咖啡＋酒
　　　　　香蛋糕￥550。
交通指南│在水木茂大道上，JR境港站徒步3分鐘。

Ⓒ 安來節演藝館

地　　址│島根縣安來市古川町534（鷺之湯溫泉
　　　　　區內、足立美術館旁）。
電　　話│0854-28-9500
開放時間│10：00～17：00，民謠演唱每日四場。
　　　　　10：30～11：00、11：40～12：10
　　　　　13：30～14：00、15：30～16：00
入場費用│安來節觀賞券成人￥600、兒童￥300，八
　　　　　人以上團體￥500。
休 館 日│每月第一個星期三
戲劇公演│僅在每週的星期六、星期日、星期一舉
　　　　　行公演。
捉泥鰍舞體驗課程│逢周六周日上、下午各舉辦
　　　　　一場。大人￥2500，兒童
　　　　　￥2250。含泥鰍舞教學和安
　　　　　來節民謠觀賞，要預約。
　　　　　附設餐廳和土特產賣場。

八人以上可預約踊了便當套餐，含安來節觀賞券共￥1500。

交通指南｜從JR安來站，乘坐開往廣瀨方向之黃色巴士（Yellow Bus）。在「演藝館前」站下車即到。

網　　址｜http://www.y-engeikan.com/index.html

島根旅遊資訊網｜http://www.kankou-shimane.com/tw/yasugi/spot/index.html

Ⓓ 足立美術館

地　　址｜島根縣安來市古川町320

電　　話｜0854-28-7111

開放時間｜04〜09月　9：00〜17：30
　　　　　10〜03月　9：00〜17：00

門　　票｜成人￥2,200（外國人半價）

休 館 日｜全年無休

交通指南｜JR安來站搭足立美術館免費迎送巴士20分。
　　　　　玉造溫泉、皆生溫泉亦有免費的接送巴士運行。

網　　址｜http://www.adachi-museum.or.jp/

Ⓔ 倉敷長春藤廣場
（Kurashiki ivy square）

地　　址｜岡山縣倉敷市本町7-2

電　　話｜086-422-0011

宿泊料金｜￥6400〜/人

交通指南｜JR倉敷站徒步15分
　　　　　兒島虎次郎紀念館￥500、倉紡紀念館與常春藤學館兩館通票￥350、三館通票￥700。住宿客可免費參觀長春藤學園、倉紡紀念館。

網　　址｜http://www.ivysquare.co.jp/index.shtml

F 橘香堂（美觀店）

地　　　址｜倉敷市阿知2-22-13

電　　　話｜086-424-5725

營業時間｜9：00～18：00

　　　　　（周五、六及休前日19:00止）

　　　　　附設喫茶室，咖啡￥450。

　　　　　季節限定，草莓大福￥220。

　　　　　製作體驗費用￥500~

交通指南｜從JR倉敷站徒步約10分

網　　　址｜http://kikkodo.com/

G 岡山後樂園

地　　　址｜岡山市北區後樂園1-5

電　　　話｜086-272-1148

開放時間｜3月20日～9月30日

　　　　　7：30～18：00

　　　　　10月1日～3月19日

　　　　　8：00～17：00

門　　　票｜成人￥400，岡山城共通券￥520，持

　　　　　用岡山觀光PASS八折。

休 館 日｜全年無休

交通指南｜從JR岡山站乘坐巴士在「後樂園站」

　　　　　下車即達

網　　　址｜http://www.okayama-korakuen.jp/

H 岡山城

地　　　址｜岡山縣岡山市丸之內2-3-1

電　　　話｜086-225-2096

開放時間｜9：00～18：00

門　　　票｜成人￥300，後樂園共通券￥520，持用

　　　　　岡山觀光PASS八折。

休 館 日｜12月29日～31日及特別展前後。

交通指南｜從JR岡山站乘坐巴士在縣廳前下車，

　　　　　徒步五分。

網　　　址｜http://www.city.okayama.jp/kankou/

　　　　　midokoro/shisetsu/okayamajo/ujo/

　　　　　index.html

① 旭川櫻花道

地　　址	岡山縣岡山市北區旭川河岸
	（後樂園東岸）
費　　用	免費
交通指南	從JR岡山站乘坐巴士在「後樂園站」
	下車即達。

○號月台的妖怪列車

／千代酒造的百年櫻花

＋ 妖怪的故鄉境港

由岡山搭特急YAKUMO 號到米子，車程二個小時。

到達米子站後不出車站去找○號月台，傳說中的○號月台有點詭異不好找，我們倒是幸運，順著指標前行，很快就找到了，一輛妖怪列車「眼球老爹」正停靠在月台邊。

我們要去妖怪的故鄉——境港。

境港，原只是傍著日本海的一個漁港，作夢也想不到有朝一日會躍登

／尋找0號月台

／很多父母帶著小孩來搭妖怪列車

／JR妖怪列車

／乖小孩要去找妖怪

旅遊熱門景點，大賺觀光財。話說由於商業景氣日差，許多商店都關
門了，一九八九年逐有地方聞人倡言社區改造計畫，朝向綠色與文化
的特色城市發展，幾經商議決定以當地出身的漫畫家水木茂先生為代
表，以他的知名作品《鬼太郎》系列的漫畫人物為主軸，加上全國各
地的知名妖怪共襄盛舉，來營造社區特色。截至二〇一〇年年初，
總共設置了一三四個銅像，「水木茂大道」這條八百米長的商店街
頓時鮮活了起來，有妖怪饅頭、妖怪麵包、鬼太郎拉麵、鬼太郎咖
啡⋯⋯，家家大做妖怪生意，而且生意十分興隆。

左／在車頂上俯視著你的鬼太郎
中／出了鬼太郎站，鬼太郎和貓娘都來迎接
右／水木茂先生和鬼太郎

再加上JR境港線也妖魔化，由米子到境港之間推出了四輛妖怪列車，而且每個站名都以妖怪命名，例如米子站就叫「鼠男駅」，境港站則是「鬼太郎駅」，不管是車站布置或車廂塗裝也都是妖魔鬼怪，簡直無處不妖魔，妖魅氛圍達到最高點，卻不懼不怖十分可愛，吸引許多小朋友前來，更引來無數觀光客，之前已突破一千萬人次。「水木茂大道」更入選全日本最佳散步道五○○選之一，真是一個社區改造非常成功的範例。

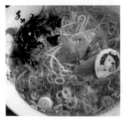

上／鼠男
中／鬼太郎拉麵店
下／鬼太郎拉麵

有趣的是境港人人想發妖怪觀光財，簡直是挖空心思無所不用其極，除了有千奇百怪的妖怪行業，還有個「妖怪食品研究所」，大概時時刻刻都在想著要推出什麼驚人的妖怪食品，來掏光你的口袋吧？

左／水木茂先生和鬼太郎
右／鬼太郎肚子裡有一大堆問題鬼點子

還有個「妖怪試驗檢定」，可先參加講習，
受講費一五○○日圓，再參加測驗，考妖怪
名稱和出身等等，一百分滿點，七十分以上
就授給「妖怪博士」頭銜。

呵呵！也無怪乎會有這些奇奇怪怪的名堂，
那個「鼠男」，就是「怪奇大學不潔學科」
畢業的哩！

我們還去了《千代酒造》（茶房名稱是「藏
や」）喝咖啡，香醇咖啡配上一塊散發出濃
濃酒香的蛋糕。吃完喝完欲罷不能，忍不住
又買了酒，心想是下了迷藥嗎，為何竟讓我
們如此著魔？一查，原來《千代酒造》是知
名釀酒廠，已有百年歷史。

左／鬼太郎茶屋
右／河童公園

／鬼太郎

／水木茂紀念館

／畫一幅漫畫致意

✚ 皆生溫泉白沙青松海岸

由於明天要去足立美術館，所以遊過了境港之後的住宿地點煞費思量，先選定了玉造溫泉和皆生溫泉，因為這兩個溫泉區每天都有一班足立美術館的送迎巴士，交通上比較方便。後來選了皆生溫泉，是因為想要看看這地區聞名的白沙青松海岸。

在JR米子站前轉乘日交巴士，二十分鐘不到就抵達皆生溫泉，然後右轉向著海邊的方向前行，二分鐘就到了投宿的溫泉旅館SEA SAID HOTEL，和我聯繫的森田先生早已在門口等候。選擇這家旅館是因它靠海最近，每一個房間都有面海的大窗，而且網路評語都說待客十分熱誠，的確是的，不管什麼時候進到大廳，

就見森田先生笑咪咪的迎上來，原來他
到過台灣三次，用華語哈啦幾句，感覺
份外親切。

皆生溫泉是山陰地區最大的溫泉鄉，屬
鹽化溫泉，據說「每個人，泡過這鹽
化溫泉後，就脫胎換骨彷彿重生，所
以名喚皆生溫泉。」原來如此，我還以
為人人都能「生產報國」哩。沿著海岸
散散步，一片白沙迤邐而去，環繞著美
保灣，整個區域大約有二十幾家溫泉旅
館，據說是日本難得的同時擁有溫泉和
海水浴場的溫泉鄉哩。

／妖怪麵包七個一組￥1470

／妖怪饅頭店

/水木茂大道的妖怪雕像

我喜歡大清早泡溫泉，面海的大浴場是這家旅館的「自慢」。溫泉大浴場的大理石上坐了幾位青春浴女，靜靜的面海賞景，她們的背影讓我腦海裡浮起常玉的裸女圖，這真是一幅美好的溫泉鄉風景。

朝陽尚未露臉，晨光曦微，我也泡在露天湯池裡，等待著太陽在海上升起。

✚ 安來節的捉泥鰍舞

足立美術館在安來市。川端康成在「伊豆舞孃」裡曾提到：「有走唱藝人來唱安來節的歌」。安來，是怎樣的一個地方呢？

從足立美術館出來，坐送迎巴士到安來駅，再搭計程車到安來公園，正逢上櫻吹雪，一陣風來，花雨紛紛紛紛的飄落。空地裡搭起了舞台，聽說晚上有安來節歌舞的演出，可惜我們無法留下。

在安來車站裡看到幾個笑嘻嘻的Q版玩偶，有老有小，有的綁著頭巾拿著畚箕，有的還揹著魚簍，非常可愛逗趣，卻不知是在做什麼。我心裡想一定有故事的，就到案內所去找資料，沒什麼發現，再問服務員：「司米媽現，安來STORY，阿里媽司嘎？」（請問，安來的故事，有嗎？）果然，她彎下腰從櫥櫃底層找出兩頁資料給我。

／捉泥鰍舞的動作（觀光導覽摺頁）

原來那些可愛的Q版公仔是「安樂家族」，已在二〇〇三年登錄為安來市的形象人物。目前已發展成一個家族，祖父是安樂左右衛門、祖母安樂ダメ世（哈哈真有趣，名叫DAMEYO，這個阿嬤的口頭禪一定是「打咩」「打咩唷」吧？）、父親安樂三太夫、母親安樂かし子（Kashiko）、姐姐安樂真亞、弟弟安樂穗伊佐。個個笑嘻嘻表情逗趣，真是一個快樂的家族。

資料上說：在天下泰平的元祿年間，全國各地的民謠、田植歌、田樂、船歌等，因為車船的往來而互相交流傳播。當時的安來港是深水良港，船運興旺，來泊的船員帶來了各地的歌謠，再加上

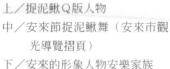

上／捉泥鰍Q版人物
中／安來節捉泥鰍舞（安來市觀
　　光導覽摺頁）
下／安來的形象人物安樂家族

地區獨創的曲調和庶民之歌，形成了追分節、安來節、出雲節、三港節等等頗具地方特色的歌謠。

明治初期安來節歌舞在出雲地區大流行，人人勤練歌謠舞步，成為民謠王國。明治四十四年更成立了「安來節保存會」，可說是安來節的全盛時代，之後有藝人組團全國巡迴走唱，把安來節的名氣推到最高點。發展迄今規模日益壯大，現有七十支部八千五百多名會員。每年有既定的行事，一月唄初會、春之祭、預選會，一直到八月十五一連三日的全國優勝大會達到最高潮。

安來市的特產是泥鰍，因之配合安來節的曲調，再編入抓泥鰍的舞蹈動作，肢體伴動活潑，表情誇張逗趣，唱作俱佳，真是野趣十足充滿活力的民俗舞蹈，讓安來節的歌踊內容增加了豐饒的生命力。

現在安來節的演出有常設的劇場，在「安來節演藝館」每日演出四場。也有捉泥鰍舞蹈的體驗教學，研習後會授給初段證書。遺憾的是我太晚得知這個訊息，要不然一定會想盡辦法去學捉泥鰍舞，一邊跳著一邊唱著：

　池塘的水滿了，雨也停了
　田邊的稀泥裡到處是泥鰍
　天天我等你，等著你去捉泥鰍
　大哥哥好不好，咱們去捉泥鰍
　……………………
　……………………

關於捉泥鰍舞的體驗

安來市捉泥鰍舞的由來，據說起源於江戶末期庶民飲酒作樂時的即興舞蹈，也是因為安來盛產泥鰍，即興舞踊就加入了生活中的素材。捉泥鰍舞的舞蹈動作，男和女是不同的，男人在田溝裡捉泥鰍，動作非常誇張搞笑，滑稽突梯，表演時常常逗得全場觀眾哈哈大笑，樂不可支。抓到的泥鰍拿回家交給女人，女人家則是驚喜、窺看、觸摸、捕捉、清洗、料理等等動作。若想要學習捉泥鰍舞，目前「安來節演藝館」只在周六周日的上午和下午各舉辦一場體驗教學。必須五人以上，並先行預約報名。學習後，體驗者發給初段修業證明。另一個可以學習的場所則是「安來節屋」，也必須先行預約。電話是0854-28-6788。在參觀完足立美術館後，順道去「安來節演藝館」附設的餐廳吃個飯，並看場表演，我想是不錯的安排。

旅遊隨手貼

日本島根縣算是對觀光客十分友善的地方，許多觀光景點都對外國遊客提供特別優惠。其他例如四國地區和岡山地區在觀光案內所或車站也可拿到整本的觀光導覽手冊，俗稱「觀光護照」（PASSPORT），也附有各觀光景點和商店的折價券。留意一下資訊，就可省下不少旅費。

只要借着一下您的護照，就可享受優惠。右為松江、出雲、石見銀山地區觀光設施外國人優惠價目表，於售票口請提示護照或外國人登錄証明書。外國觀光客可享有以下設施之優惠。

觀光設施	對象	門票費用	折扣%	打折後價格
松江城	成人	¥550	50%OFF	¥280
武家屋敷	成人	¥300	50%OFF	¥150
小泉八雲紀念館	成人	¥300	50%OFF	¥150
堀川遊覽船	成人	¥1,200	33%OFF	¥800
島根縣立美術館（規劃展）	成人	¥1,000	50%OFF	¥500
足立美術館	成人	¥2,200	50%OFF	¥1,100
日本庭園 由志園	成人	¥600	50%OFF	¥300
松江貓頭鷹花園	成人	¥1,500	30%OFF	¥1,050
島根縣立古代出雲歷史博物館	成人	¥600	50%OFF	¥300
石見銀山世界遺產中心	成人	¥300	33%OFF	¥200
龍源寺間步	成人	¥400	50%OFF	¥200
重要文化財　熊谷家住宅	成人	¥500	40%OFF	¥300
武家屋敷　前河島家	成人	¥200	50%OFF	¥100

速寫
足立美術館

吃完早餐，正賴著躺在榻榻米上閒聊天時，忽聞敲
門聲。是女服務生來催促，希望我們趕快出發，
好趕上足立美術館的免費接送巴士。

原來，早餐時她聽我們談及要去足立美術館，想到
昨天是周末 ，溫泉區入住的客人很多，怕我們去
晚了搭不上車就麻煩了。

真是感謝如此貼心的提醒。昨天遊罷境港，就是因
為考慮到皆生溫泉每天有一班足立美術館的送迎巴
士，所以才特地選擇投宿在這家溫泉旅館的。

送迎巴士的上車地點就在皆生溫泉觀光案內所的門前，我們到達的時候果然已經有幾個人在排隊了。由這兒出發到足立美術館，大約需要四十分鐘的車程，計程車約七千日元。

足立美術館在島根縣安來市，是當地企業家足立全康所創立的私人美術館，館藏十分豐富，收藏了包括橫山大觀、橋本關雪、北大路魯山人、河井寬次郎、林義雄……等畫家的作品，範圍包括日本畫、泥金畫、童畫、陶、雕刻等等。尤以橫山大觀的作品為最大宗，多達一百三十件，特闢有專屬的展覽室。

一般美術館通常都以展品為主，不會兼及庭園造景；而名園則注重築山遣水、鋪砂疊石、蒔花植草，純外景而缺館藏，遊罷總覺內心深處尚有一小塊地方未曾被撫慰照顧到。看來兩者都有美中之不足，若能兼容並蓄，內外俱足，將是多麼快意的事。

／足立美術館的送迎巴士

／足立美術館是日本第一的名園

／迎賓庭

足立美術館便是這樣一個內外皆美的地方。占地五萬坪的庭園，借景出雲自然景色和四季不同樣貌，造就出如此美麗的庭園，自二〇〇三年起，已連續八年被美國的日本庭園專業雜誌《JOURNAL OF JAPANESE GARDENING》選為日本第一的庭園。除展館外，共分為枯山水、白砂青松、苔庭、池庭等景區。其中「白砂青松庭」更是以橫山大觀的畫作「白砂青松」為藍本建造而成，可見館主對於橫山大觀作品的寶愛和推崇了。

／生之額繪，是一幅絕美掛畫。

／白沙青松庭

／池庭

觀名畫賞名園，行過迂迴長廊，穿過曲折小徑，不要忘記抬頭觀賞每一扇窗，用窗框框住眼前景色，你會驚喜的發現每一幅都是絕美的圖畫，步換景移，朝夕晴雨、季節變化皆有不同，這便是「生之掛軸」，比起名家創作不遑多讓，值得細細品味。

走馬看花逛一回，回頭再找個特別喜歡的地方，久久佇立，人與景相看兩不厭，渾然忘記了名韁利索和濁濁塵世的烏煙瘴氣。

館內也設有咖啡室、茶庵和餐廳，都是賞景的好所在。「翠」咖啡室面對的是枯山水庭園，女侍特別介紹了庭師燒製的炭棒，據說以它代替小匙來攪拌咖啡，風味獨特。「壽樂庵」茶室對著白砂青松庭，有兩幅窗景特別好看，即有名的「生之雙幅」。「大觀」餐廳則築在池庭上，曲水迴繞，別有意境，用餐兼賞景，真是秀色亦可餐。

喝了咖啡吃了飯，我真的落入忘情忘我之境，差點忘了要起身去搭車。在前往岡山的車上，我一路都在想著，這足立美術館真不愧是

／枯山水庭

／蓋在池庭上的餐廳「大觀」

／煎茶室「清風」

日本第一,尤其遊賞過金澤的「兼六園」之後再來此,更覺得它把「兼六」所包括的宏大、幽邃、蒼古、水泉、眺望、人力等內涵發揮到極致了。

我想,我還會再來,再去看「壽樂庵」那兩幅這次無緣看到的窗景。

／最美好的饗宴
／喫茶室「翠」
／園藝師特別燒製的竹炭棒,用它來攪拌咖啡,風味別具。
／大觀特別展示室,展出橫山大觀的畫作。

錯亂
的記憶卡

旅行，常有意外的收穫和驚喜，也常有意想不到的小災難，讓人徒呼負負措手不及。

例如有一年追櫻就發生相機記憶卡出狀況，導致在倉敷和平安神宮拍攝的照片全毀的事件，雖說沒這些照片也無損旅行的快樂，卻未嘗不是一件遺憾的事。事件的發生是這樣的：

旅行前幾經思量去買了一台sony 餅乾機，原有的canon雖然一向用得順手，但實在太重了，對於凡事都需要自己動手解決的背包客來說實在是個負擔。由於相機花了一些錢，要添購記憶卡時就想說能省則省吧，上網去搜尋，發現有很多人在賣記憶卡，也有很多人搶購，賣到

缺貨呢。記憶卡其實是不太容易損壞的，我認為沒什麼大風險，也就網購了一張卡，高高興興的帶去日本了。

那天，在別府溫泉，正逢一連三天的溫泉祭活動。一早搭巴士巡行別府八湯，去了別府公園、海地獄、血池溫泉、鐵輪溫泉……等等。 然後來到海濱公園，風很大，遊人稀少，我們坐在公園椅子上吃午餐、餵鴿子。海灘有小孩在嬉戲，兩個國小年紀的女生，和一個約莫四歲光著身子的小男生。是姐弟三人吧？

海風冷冷的，吹捲起不小的波浪，我覺得危險，心想這些小孩為什麼沒有家長管呢？ 我把鏡頭對準他們，一邊向沙灘走去，向他們喊著：「弟弟不冷嗎?」

小孩跑了過來，看我拿著相機，調皮的做鬼臉擺姿勢，姐姐看到我手上拿著吃剩的蘋果芯，小聲的說：「妳有蘋果！」

我嚇了一跳，也直直瞪著手上的蘋果芯，萬分抱歉的說： 「沒有了！」

而且背包裡也沒有其他的食物。

／平安神宮神苑，因記憶卡錯亂，房舍被切割得像積木。

CHAPTER 2

本州、九州、四國追櫻

我的鏡頭還對著他們，想要拍一張姐弟的合照。

就在這時，小弟弟冷不防轉過身子，彎下腰把屁股對著我，頭朝下，眼睛從白白的屁股和小雞雞後方直直望著我……

這一驚非同小可，我心裡十分害怕，害怕有人來看到這景象，誤以為我是誘拐小孩的變態阿姨。我抽身回頭走，小孩緊跟了上來，問我要去哪兒？我說去車站，他們居然要跟我去，小弟弟還過來牽著我的衣角。

我慌忙搖頭又揮手：「不行不行，趕快回家吧！」

我的記憶卡就是在這個時候出了狀況。按下檢視鍵，瞬間的畫面跳動可以看到光著屁股的小男生，然後不是出現一片錯亂的奇異色彩，就是「檔案出錯」的簡體中文字幕。之前拍攝的也都出問題了，影像一片錯亂。

來到倉敷，我不敢再用這張記憶卡了，倉敷有四間觀光案內所，我一一去請教哪兒可以買到記憶卡，依她們的指示問遍了書店、文具店、影美堂、便利商店，還是買不到sony的卡。這時候才覺得sony真是鴨霸小氣啊，為什麼就不能和人家共享通用呢？

回到岡山，我去百貨公司和高島屋也沒找到賣記憶卡的地方，高島屋

左／錯亂影像的神奇效果
中／錯亂之美
右／倉敷拍婚紗的新人

的服務台小姐指點我到北村相機店，總算買到了sony的記憶卡，高高
興興的拿著相機到後樂園拍照去了。

之後，在京都也拍了不少照片，很後悔只買1G的容量應急。因為還必
須留一些記憶空間到造幣局拍品系繁多的櫻花，所以在平安神宮時，
我心存僥倖的又拿起出了狀況的那張卡來拍。結果，就是這不可收拾
的狀況了，縮圖看起來都好好的，要它正常顯像時就錯亂了。

旅遊回來後我不死心的一再請教別人，想方設法，總以為會有破解之
道，直到用了救援軟體也無法解救後才失望的放棄。知道的朋友都笑
我：花一萬多買sony的新相機，卻為了省小錢上網買雜牌甚或是冒牌
的記憶卡，這算盤是怎麼打的？其實，我平常不太上網購物的，總覺
風險太大，品質無保障出了問題又追償無門。沒想到這回貪個小便宜
就踢到大鐵板了。

事隔兩年，此刻縈迴腦際的是那些顯像錯亂的美麗景色，以及那三位
顯然家庭和家教都有問題的小孩。事實上，我有點害怕看到小男生頭
朝下把屁股對準我的照片，幸好已經毀損壞掉了。當時心慌的我來不
及留意他的眼神，也沒看清他的面貌，不知他是濁濁塵世的天使，或
是漸漸要變壞的小惡魔？十年之後，他們會長成什麼樣子呢？

到今天，我的心中仍一直牽掛著那三個讓旅行的我不知所措的小孩。

啊，倉敷

／倉敷楊柳綠

✛ 傳統與現代共存的倉敷

倉敷，這個城市興起於江戶時代，曾是德川幕府直轄的「天領」，乃因當時航運興旺，靠著瀨戶內海和倉敷渾河的船泊往來，集散糧食物資，逐漸發展出港口都市的形態，沿著運河築起的成排倉庫，囤積著供應京城的糧食，成為江戶的重要糧倉，也是地名的由來。商業興盛富賈聚集，白壁土藏和塗屋町家櫛比成街，成為倉敷建築的最大特色。

／倉敷美觀地區的老房子

再加上瀨戶內海地區雨量少氣候適合
棉花生長，棉花產量豐而且品質優，
倉敷因而設立了許多紡織工廠，成為
棉紡工業的重鎮。如今的工廠都移往
城南濱臨瀨戶內海的水島工業區，是
牛仔褲和帆布的最大生產地，奠定了
倉敷成為重要工業城市的基礎。

／倉敷運河

二次戰後，日本許多城市都毀於戰
火，倉敷幸未受難，仍然保留了古
老街區和優美建築。一九六九年將
運河沿岸及倉庫群地區命名為「美
觀地區」，並且將八十五棟白壁土藏
指定為「傳統建物保護群」。如今的

／小橋流水

／倉敷考古館（沈君帆攝）

倉敷，新與舊並立，傳統與產業共存，蘊藏著豐富的文化內涵，是旅行九州必遊的城市。

✛ 我的心情有點鬱卒

本來是要去尾道的，後來轉念一想：何不再次到倉敷，彌補上回沒拍成照片的遺憾？

三年前初次到倉敷時，發生了記憶卡錯亂事件，導致所拍的照片全毀，事後想想真是不無遺憾。倉敷的確是個美麗的小城，我想，是值得再來一趟補拍些照片的。

由岡山出發到倉敷，搭特急十一分

鐘就到站，下了車走到美觀地區也不過十分鐘左右，可說是非常方便的旅遊景點。

出得站來，我頭也不回連地圖也不拿就直往車站前的道路走去。仗著三年前來過，認為美觀地區環境單純，也不過就是一條運河兩條街道的小地方，地圖就在腦海裡，不會迷路的。

／倉敷帆布

／倉敷白壁

／倉敷帆布老店

可是，走了超過十分鐘，越走越荒僻，都走到大山紀念館了還沒看到運河的蹤影，不得已還是問了行人，原來該轉彎的地方沒轉彎，腦海裡的地圖竟然移了位。

更慘的事還在後頭。

首先是找不到三年前喝咖啡的小店，心情有點鬱卒。舉起相機要拍照時，又發現相機沒電了，換上備用電池，居然還是沒電，相機無法操作，我心想真是見鬼了，明明昨夜充電充了一整夜的，怎會沒電？而且原先一直放在背包裡的另一台相機G2，也因嫌重今早把它寄放在旅館櫃台了。

上／三宅商店　　　　　　　　　　上／一間一不小心就會錯過的咖啡屋，第二
下／大原美術館　　　　　　　　　　　　次來我果然沒找到它，心情有點悵然。
　　　　　　　　　　　　　　　　　下／美觀地區的橘香堂

三年前記憶卡錯亂，導致照片全毀，這次又發生這樣的事，難道倉敷真的和我
緣淺？

雖然麗日晴和春風拂面，倉敷川岸楊柳依依，但因為相機的問題使得我沒有什麼
好心情，胡亂逛了逛，賭氣的隨意掀簾走進一家咖啡店，幸好咖啡香醇，再配上
一個美味得叫人鼓舌的草莓大福，總算舒展了我緊縐著的眉頭。

但是隨手拿起店家的一張地圖溜覽時，不小心又發現錯失了一個景點～常春藤廣場，那兒有旅館部，有常春藤學園、倉紡紀念館、音樂盒展覽館，還有一大片倉敷最美麗的櫻花林，剛剛明明經過了的，卻沒留意，我原想再去那兒喝杯茶看看櫻花的……

回來後看電視，新聞報導說因為來客量減少，JR倉敷站所屬大廈將營運至二〇一〇年十二月底。那麼倉敷這個小鎮呢？將來會受到什麼樣的影響？我查了一下JR西日本的網頁，果然發現解散「倉敷驛開發株式會社」的通告。說是由於景氣下滑以及Tivol公園關閉的影響，使得倉敷HOTEL和購物中心營業大幅滑落，負債累累，所以只好停業並解散公司。不過將盡量不影響鐵道的營運。

有人問我還會再去倉敷嗎？我不知道。

更不知道如果再去時，倉敷車站會變成什麼樣子？

旅遊隨手貼

三年前我到倉敷，覺得春日的倉敷很悠閒，有幾組日本年輕男女在拍婚紗照，為小城增添幾許浪漫的氣氛。此番再去，覺得倉敷蒼老許多，有些寂寥，而且我找不到上回喝咖啡的小店，心情的確有幾分莫名其妙的失落。
後來隨意掀簾走進的那家咖啡店，整理照片時才發現原來竟是御果子名店「橘香堂」，已有一百三十年歷史。鎮店銘果是第一代創辦人創作出的斗笠形和菓子，由鄉賢林孚一翁命名為「群聚麻雀」（むらすずめ），如今已成倉敷代表名物。遺憾我又錯過了親手製作體驗的機會。只留下草莓大福的滋味，讓我懷念至今。
至於照片，我還是搶了老公的相機拍了幾張，幸好不留白。

往岡山
後樂園
遇見櫻吹雪

／櫻花林

吃過早餐後，我們把行李寄放在櫃台，搭電車去後樂園賞櫻。在「城下」站下了車，順著指標走了大約八分鐘，到了旭川河岸，眼前過河就是後樂園，向右則是岡山城。

此時到後樂園最快的方法就是直接通過右前方的月見橋，由南門入園，但我們選擇走鶴見橋由正門進入，因為覺得鶴見橋比較漂亮。過得橋來，首先見到的是竹久夢二的「宵待草」詩碑：

/搭東山線電車前往城下站

待てど暮らせど　來ぬ人を
宵待草の　やるせなさ
今宵は月も　出ぬそうな

讓我日日夜夜等候的遠行的人尚未歸
來，悲傷失望的心呀就像宵待草，今
夜，依然是個沒有月亮的晚上……
據說竹久夢二是在得知舊情人嫁人後因
情傷而作這首詩，後來譜曲成歌傳唱一
時，也流傳到台灣，李香蘭主唱，許多
人都喜歡這歌詞優美的意境。

後樂園內外有十幾座碑石，對我來說
比較具有意義的大概就是竹久夢二的

/鶴見橋

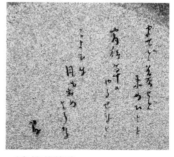

/宵待草詩碑

／郭沫若贈鶴碑

這個歌碑了，另一個則是郭沫若的詩碑：

　　後樂園仍在
　　烏城不可尋
　　願將丹頂鶴
　　作對立梅林

這詩碑，是為了誌記他送鶴給後樂園的事。那時是一九五五年，二戰時燒毀的岡山城天守閣尚未復建，所以他才說「烏城不可尋」。

＋ 後樂園一園清逸

後樂園和金澤兼六園、水戶偕樂園並稱日本三大名園，也是江戶時期留下的迴遊式大名庭園。

／白沙青松延養亭
／澤之池
／曲水迴繞

後樂園建成於西元一七○○年，是岡山藩主池田綱政用以養身居停和接待賓客的私人庭園，面積十三萬公頃，和一般大名庭園一樣，布置有亭閣茶庵，築山造橋、曲水流泉，庭植雅麗。比較不同的則是草坪占地廣闊，園景一片綠草芊芊，曾獲法國著名的旅行指南「米其林‧綠色指南」三顆星的最高評價。這些草坪原先是田地，因為當代藩主喜歡站在延養亭和流店，看著他的農工辛勤耕作，後來農地縮減保留了仿效中國周朝田租法的井田和茶園，其餘都闢為草坪。

後樂園主要建築是藩主家屋延養亭和能舞台。站在延養亭一望，眼前澤之池延展開來，林木修齊，綠草如茵，田畝豐盈，遠山含黛，視野軒朗開闊，所見依稀是江戶景色。利用虹吸法引自旭川的曲水迴繞向著唯心山腳蜿蜒而去，登上六米高的唯心山，則可縱覽全園四時美景，賞心悅目，豈是「後樂之樂」？分明是先天下之樂而樂了。

後樂園在一八八四年，池田藩主後代因不堪沉重稅賦而讓渡給岡山縣政府，由縣政府管理並開放給民眾做一般休憩之用。曾毀於水患和二戰戰禍，之後都依照原先繪圖復建，聽說如今是保留江戶時代庭園式樣最完整的大名庭園，已被指定為特別名勝。

✚ 一陣風來櫻花飛雪

後樂園有一片櫻花林，植株並不多，三、四十棵吧，但樹老株健，每年春天花開時，絢爛繁麗如彩霞蔽天。

／澤之池三島

／八橋
／井田

我們到的這天，行前看了花開預想的情報，估計應已過了花期，早已花事闌珊花落委地甚至化作春泥了。沒想到遠觀一片如霞櫻色，奔近了，但見一朵朵一簇簇一堆堆的花兒在枝頭幾乎擠爆了，彷彿還嘻嘻哈哈嬌笑著鬧成一團。地面上則鋪上了如粉色絲毯的櫻花瓣，片片如雪，讓人舉足遲疑，不忍一腳踩下。

我們也歡呼著嬉笑著，捧起了花瓣湊近鼻尖輕輕細聞，或灑向髮際如戴花冠。

一陣風來，花落如雨、如酒，讓人想一口飲下，醉在春風裡⋯⋯⋯⋯

✛ 絕美旭川河岸櫻花道

從後樂園出來，我們彎向東側的旭川支流河岸，兩排櫻花一路逶迤而去。自從岡山縣政府開通了這條旭川支流後，後樂園即形成被旭川環抱的島狀地形，周圍的便道遍植櫻花，成為岡山市民和遊客的最佳休憩場所，尤其每年櫻花季遊客

／紅枝垂櫻
／櫻飛似雪，飄落滿地，感傷嗎？我情願相信她們會相約，明年乘著春光再來。
／落櫻化作春泥再護花

／櫻飛似雪

／旭川櫻花道

／老幹蜩健

如織，是賞櫻名所，櫻樹植株之多，數大之美真是無與倫比了。

昨天我們賞過島根縣安來公園的櫻花後，看著時間還早，就提前一班車回岡山，準備到這旭川櫻花道來賞夜櫻，因為昨晚是最後一夜點燈，再來就花事已了期約明年了。

誰知從來沒有碰到過JR國鐵誤點的我，這次竟然遇上了。列車在「根雨」這個站停了好久，列車長一下報告說即將再開請稍安勿躁，一下說等候聯繫再做決定，反反覆覆更新訊息並道歉個不停。之後根雨車站外調集來十餘部大巴士，預備分途載運客人前往目的地。幾番折騰，我們上了開往岡山的大巴，即將發車時又宣布鐵道障礙已排除，大夥兒又下了巴士登上列車。

回到岡山時足足遲了兩個小時，再要趕到旭川櫻花道，恐怕燈也熄人也散了，只好快快然作罷，講好了今天遊賞後樂園之後再來賞櫻。

由鶴見橋經蓬萊橋到相生橋，綿延二公里的櫻花道，壯觀花海真的不是「驚艷」兩個字就可涵括形容。大概是昨夜狂歡盡興了，白日裡顯得人影寥寥格外清淨，這美景就讓我們專屬獨享了。

之後我們登上相生橋，跨過旭川，向著岡山城而去。

後樂園、旭川櫻花道、岡山城，這串聯起來的三個景點，的確是春日裡賞櫻的最佳去處。

Chapter 2
本州、九州、四國追櫻

JR久大線+日豐線：久留米──別府

Ⓐ 地獄八景

地獄溫泉八湯巡行，最方便的方法是參加『龜の井BUS』的定期觀光巴士行程，每天有五班次，行程約二小時二十分，每人3600日圓。

Ⓑ 由布院山水館

地　　址｜大分縣由布市湯布院町大字川南108-1
電　　話｜0977-84-2101
宿泊費用｜￥12000～/人。
　　　　　一泊二食，依房型需求及淡旺季有所不同。
交通指南｜JR由布院站下車，聯絡旅館接送。

Ⓒ 別府溫泉花菱HOTEL

地　　址｜大分縣別府市北濱2-14-29
電　　話｜0977-22-1211　和室143間
宿泊費用｜￥10500～/人。
　　　　　一泊二食，依房型需求及淡旺季有所不同。
交通指南｜JR別府站前直行，徒步十分鐘。
別府市中文網站｜http://www.city.beppu.oita.
　　　　　　　　jp/53chinese_hanpage/index.html
別府地獄溫泉官網｜http://www.beppu-jigoku.com/
龜の井BUS｜http://www.kamenoibus.com/

久留米

由布院　・湯布院溫泉

大分

別府　・別府八湯　・地獄八景

博多

中央　鹿兒島

指宿　・指宿溫泉　・砂浴

JR九州新幹線+指宿枕崎線：博多──指宿

Ⓐ 砂蒸會館「砂樂」

地　　址｜鹿兒島縣指宿市湯の濱五丁目25番18號

電　　話｜0993-23-3900

營業時間｜8：30～21：00　全年無休。

費　　用｜成人砂浴￥900，兒童￥500。

交通指南｜JR指宿站前搭路線巴士四分鐘即達。

網　　址｜http://www11.ocn.ne.jp/~saraku/saraku00.htm

Ⓑ 篤姬館

地　　址｜鹿兒島縣鹿兒島市本港新町5-4

開館時間｜9：00～18：00（年中無休）

費　　用｜￥500

交通指南｜JR鹿兒島中央站前搭市內觀光巴士，或市營巴士25番線約10分、「Dolphin Port前」下車、徒步即達。

Ⓒ 仙巖園

地　　址｜鹿兒島縣鹿兒島市吉野町9700-1

電　　話｜099-247-1551

營業時間｜8：00～17：30

費　　用｜庭園路線￥1000，御殿路線￥1500。

交通指南｜JR鹿兒島中央站前搭巴士，「仙巖園前」下車徒步即達。

指宿觀光協會｜http://ibusuki.or.jp/

篤姬觀光活動官方網站｜http://www.kagoshima-kankou.com/tw/atsuhime/index.html

Chapter 2
本州、九州、四國追櫻

JR瀨戶大橋線：岡山──高松

Ⓐ 栗林公園

地　　址│高松市栗林町1丁目20番16號

電　　話│087-833-7411

開放時間│6：30～18：00
　　　　　（日出日沒時間不同，每月均有變更）

門　　票│￥400，持「四國觀光PASS」八折。

交通指南│JR栗林公園站北口徒步3分。或琴電巴
　　　　　士栗林公園前下車1分。也可以租單車
　　　　　前往，24小時￥100。

網　　址│http://www.pref.kagawa.jp/ritsurin/

Ⓑ 掬月亭

地　　點│栗林公園內。

營業時間│9：00～16：30

休 亭 日│12月29日～1月1日

費　　用│抹茶￥710，煎茶￥560，附茶食栗子糕。
　　　　　午餐￥3150，要前一日預約。
　　　　　入園門票另購。

預約電話│0120-85-7170

Ⓒ 花園亭

地　　點│栗林公園內。

朝粥時間│7：00～10：00

休 亭 日│不定期

費　　用│朝粥￥1260. 入園門票另購。

電　　話│087-831-5255

Ⓓ 高松dormy inn

地　　址│香川縣高松市瓦町1-10-10

電　　話│087-832-5489

房 間 數│154室

宿泊費用│￥3200～/人。

交通指南│琴電瓦町站徒步約5分。

Ⓔ 地中美術館

地　　址│香川郡直島町3449-1

電　　話│087-892-3755

營業時間│10：00～18：00（3月至9月）
　　　　　10：00～17：00（10月至2月）

休 息 日 | 星期一、12月30日~1月2日
門　　票 | ￥2,000（15歲以下免費）
交通指南 | 搭船到宮浦港，再搭巴士到直島美術館，約二十分鐘，班次不多，必須查明時刻表。

F Benese house
地　　址 | 香川縣香川郡直島町琴彈地。
電　　話 | 087-892-2030
房 間 數 | 65室
宿泊費用 | ￥25500~/人（一泊二食）
交通指南 | 宮浦港有專車接送
網　　址 | http:// www.chichu.jp/

G 88うどん　高松本店
地　　址 | 香川縣高松市常磐町1-9-3
電　　話 | 087-831-8806
營業時間 | 11：00～18：00

交通指南 | 琴電瓦町站天滿屋斜對面。
休 息 日 | 星期一
網　　址 | http://www.88udon.com/

H 松下製麵所
地　　址 | 香川縣高松市中野町2-2
電　　話 | 087-831-6279
營業時間 | 7：30～17：00，售完為止。
休 息 日 | 星期日
交通指南 | JR栗林站北口徒步約10分。

I 琴平中野烏冬麵學校
地　　址 | 香川縣仲多度郡琴平町796
電　　話 | 0877-75-0001
營業時間 | 9：00～17：00。
休　　息 | 全年無休。
費　　用 | ￥1575。必須先行預約。
交通指南 | JR琴平站徒步10分。
網　　址 | http://www.nakanoya.net/

別府溫泉
八湯巡行

／別府公園的櫻花，樹老花繁。

別府溫泉在每年的四月初會舉辦例行的溫泉祭，時間不一定，會選在周休假日。為了這個溫泉祭，我把行程做了一番調整，本來到福岡之後應該先往南行的，先去湯布院、別府，之後再前往北九州和關西，這樣走才順路。但因為溫泉季要再晚個幾天，我只好先去了廣島、嚴島神社、錦帶橋和小倉，算是繞了一小圈再走回頭路了。

我從博多站搭「由布院之森三號」前往由布院，這列車全車指定席，充滿了旅行的休閒氣氛，一位難求十分搶手，假日是很難臨時劃到座位的，必須提前預約才能確保行程不受影響。這車子的外形和內裝都

／「由布院之森」特急列車
／「由布院之森」列車的美麗服務員
／「由布院之森」車內拍紀念照
／「由布院之森」車廂內裝

很講究,是九州地區豪華級的特急列車,更讓人稱道的是列車長和隨車服務員的熱情。車行途中,突然來了笑容可掬的服務員,提著的籃子裡放了兩頂列車長和服務員的帽子,示意要我們戴上並幫忙拍照。我一時措手不及不知如何反應,以為是要收費的有料服務,但看剛才拍過照的客人也沒掏口袋付錢啊,也就欣然戴上帽子,並把相機交給她,留下了頗值得紀念的鏡頭。

博多驛出發的「由布院之森三號」是舊車型,目前已有新的車型投入運行。新舊之別是新型內裝少用木料,座位較寬敞,有和機艙一樣的置物櫃。舊車型有餐車新車型則無。攝影的服務也有差別,新車型沒有列車長的帽了可戴,而是拿著一個相框板子,上書乘車日期,把頭靠近框框拍照。

／由布院標高海拔453公尺

／湯布院河岸櫻

其實，除了這「由布院之森三號」之外，運行在九州的其他列車也多姿多彩，顏色紅的黃的藍的綠的都有，十分鮮艷，看了讓人心情大好。我的相機一直追逐著這些列車的身影，可惜後來因記憶卡錯亂全毀，幸好網路上可以找到一部份列車的相片，我就一一的把它們找回來，以便看著相片想念那一段旅行的日子。

在由布院逗留兩日後，我從大分再搭三站日豐本線到別府。下了車拖著行李一路向前走，不用十分鐘就走到預約的旅館「花菱」，選擇這家旅館正是因為它交通的方便。很意外的發現房間比預定的房型好，接待人員也很親切熱情。更意外的是晚餐時一踏進餐廳，一位貌似經理的歐吉桑立即上前來致意：

／別府溫泉祭抬神轎遊行

／女生也抬神轎喔
／別府溫泉祭
／太鼓競演

「SAI桑，有各種各樣不同的酒和飲料『飲放題』喔，今晚就請盡情的享用吧！」

我驚異他竟能直接叫出我的姓氏，親切的招呼令人感覺備受尊重。

走到擺放酒類的餐檯一看，有紅酒白酒、生啤、日本清酒、地酒、威士忌等等，算一算共有十多種，真是豪氣啊，以往的經驗，通常威士忌和紅酒是不會「飲放題」無限暢飲的，有些也會限定一小時，或只限一杯，沒有像這樣慷慨大方的任你喝「通海」。不過，我和老爺也只各取了一杯紅酒，真是可惜了「飲放題」的盛情。或許是因為這緣故吧，我對這家旅館、甚至是這次旅行的印象極佳。旅人的要求其實不多，只要

／別府公園的櫻花，樹老花繁。

一個微笑、一點溫暖、一杯好咖啡，或一盅美酒，就會覺得人生富足，日子過得風和日麗。

別府地區每年溫泉祭的節目大同小異，一定會有大型的抬轎遊行和太鼓表演、傳統市集、歌舞演出和扇山點火等等。節目表上面說，遊行時會發送溫泉蛋，但我伸長了脖子四處張望都沒看到。溫泉祭的最後一天，我參加了溫泉巴士的八湯巡行活動，必須排隊報名，繳了五百日圓費用後發給一條印有「乘車券」三個字的橘色毛巾，有很多人就把它圍在脖子上或掛在包包上，司機一看到這毛巾就會讓你上車，「乘放題」任你坐車坐到飽。

出發的時候當年選出的「別府小姐」會來送行，頻頻揮手非常熱情只差沒有獻花獻吻。各溫泉區第一批到訪的客人也有機會品嘗當地的特色糕點，可惜我搭的是第二班車，什麼都沒吃到。

溫泉巴士的八湯巡行指的是大別府地區的八個溫泉地，包括別府、浜脇、龜川、柴石、鐵輪、堀田、明礬、觀海寺等八處溫泉，號稱「別

府八湯」。在溫泉祭這幾天，所有的公共湯全部無料開放，也有一些觀光旅館協力贊助，泡湯族真的可以大泡特泡過足了癮。我就遇到一群歐巴桑歐吉桑，成群結伴每天都參加，快快樂樂像郊遊遠足一般，他們都是有特定目的地的，一下車就直奔溫泉旅館而去。

我選擇的第一站是鐵輪溫泉，狹窄的街道，曲折的巷弄，有好幾個公共湯，但是我沒去泡，因為在住宿的溫泉旅館早也泡晚也泡睡前又泡，早已泡脫一層皮，我只是盡情沉浸在一種古老的溫泉鄉氛圍裡，套一句旅遊網站上的流行語，那就是「溫泉情緒滿喫」。

除了開放別府八湯的公共溫泉，還有一項好康，就是地獄八景的免費開放。我去了「海地獄」溫泉。

「ようこそ地獄へ」（歡迎來到地獄！）

呵呵，看了這幾個字我就全身起雞皮疙瘩，不知到底是怎樣的一個地方，竟會取了這樣一個讓人頭皮發麻的名字。

原來別府地熱豐沛，湯煙處處，地獄溫泉八景便是由於鶴見岳、伽藍岳和由布岳的火山噴煙，源源不絕的噴出地面，煙霧繚繞不似在人間，再加上地形地貌特殊不宜耕種及居住，非常荒涼，所以前人稱之如地獄。如今這地獄溫泉變成了觀光財，每年招引來大量的觀光客。

我去的「海地獄」，泉水因含大量的礦物質，呈現出如土耳其藍的海藍色，水溫高達攝氏九十八度，不小心跌下去鐵定小命難保，所以都用欄杆圍起不能靠近，要泡溫泉則只能泡泡手湯和足湯。

「血地獄」想就知道是一潭血水，十分可怕，我怕看了會做惡夢，所以沒膽子進去。有一個熱賣商品，便是取自血地獄溫泉泥所製成的藥膏，據說對於治療皮膚病很有療效，常常賣到斷貨。

為了趕搭前往岡山的電車，我的別府八湯和地獄八景的巡行其實都未完成，就揮揮手離開了別府。還是老話一句：或許，我還會再來！

指宿溫泉
大驚奇

／指宿溫泉砂浴（日本國家旅遊局）

✚ 《砂浴》初體驗

有一年春天，我們去九州鹿兒島，重感冒未癒的我，一路發著燒。

櫻花從鹿兒島開始，向北快速的推進，我們到的時候花開正好，櫻島火山也興旺著，到處落著火山灰。

朋友K安排的行程，她到福岡空港接了我們，在長崎逗留兩日，去了豪斯登堡、蝴蝶夫人館、草千里和阿蘇火山口，還搭了噗哧噗哧噴著煙氣的蒸氣老火車。然後，搭JR特急回到她西鹿兒島的家。

玩過的景點其實都已記不真切，因為微微的發著燒，一路昏昏沉沉，只偶而回應幾句話，或努力給個笑臉，配合著大家的行程。身體的虛弱影響了遊興，心裡著急地想著：真是糟糕啊，不要壞了大家的興致才好。

周末，K的日本老公不上班，說要開車載我們去玩，給我們一個驚喜。

「去那個把人埋起來的溫泉吧！」

語意傳達大有問題，害我們心驚膽跳面面相覷，我也驚得豎直了耳朵仔細

／天啊，眞的要把人埋起來喔。

／呵呵，種人頭！

聽。原來是要去指宿溫泉體驗砂浴。車子開到年年入選溫泉旅館百選前幾名的「白水館」，可惜「白水館」的日歸湯客已經客滿了，我們就轉去海邊的一個大型公共浴場。

進到浴場，在更衣室裡，K指導我們脫下衣服包括內衣褲，把它放進置物籃子裡，然後裸身穿上浴場提供的浴衣。

啊呀我的天呀，一踏上沙灘浴場我就忍不住驚呼，真是太太太壯觀了，眼前一大片沙灘，一行行一列列，都種滿了人頭，有的閉目，有的瞪著大眼

睛直望著你，怪可怖的，我必須小心翼
翼的繞道，以免踩到人頭。

「喔喔喔好痛喲，妳踩到我的尾巴
了！」哈哈哈沒事啦，這是我的胡思亂
想自言自語，到目前為止我可還沒遇到
過如此幽默的日本人。

服務人員帶領我們來到一塊沒有種人頭
的空地，要我們一字排開，然後幾個歐
巴桑拿起圓鍬開始挖地，挖出六尺長三
尺寬可容身的淺坑，示意我們把毛巾包
上頭，連著衣服平躺下去，再一鏟一鏟
的把沙覆蓋在身上。

然而這過程可不那麼順利。

一躺下，喔唷好燙喲，坑裡的沙至少有
攝氏四十度，一埋下立刻覺得渾身燒燙
背脊發癢，扭著身體動個不停，不到三
分鐘就伸出手、再伸出腿坐了起來。看

／對明治維新影響至深的薩摩
　十九少年雕像

／「篤姬」大河劇拍攝地仙巖園
　（吳濱和攝）

看周遭朋友的人頭，雖然個個呲牙裂嘴大呼小叫，但都堅持著不起身，輸人不輸陣我豈能示弱？只好乖乖的躺下，要歐巴桑再幫我埋一次。

這次我閉上了眼睛，專心數著羊分散注意力，數得七零八落只好改變方法想些好玩的事情。頭上冒汗了，一滴滴一串串，順著臉頰髮梢滑下，我聽到汗水滴落的聲音。

過了大約十分鐘，再也忍不住了，我從沙堆裡掙出了手腳坐起身，全身濕淋淋的直滴水，連浴衣都濕透了。沖洗間人好多，簡直一個挨一個，我旁邊的婦人一直和我說話，發覺我是外國人後很驚訝，轉頭和她的同伴嘀嘀咕咕不知說些什麼，然後把她的洗髮精遞給我，要我洗頭，又幫我搓背拍打按摩，比手畫腳說這樣對身體很好。

／櫻島

CHAPTER 2　本州、九州、四國追櫻

／初蝶碑，遠處的櫻島火山雲霧繚繞。（吳濱和攝）

我只會說一句日語，所以就「阿里阿多」「阿里阿多」個不停。很羞澀，但不知要怎樣拒絕她的熱情，只好裝作很享受的樣子。

穿衣的時候，在鏡前我發覺自己全身紅通通，像一尾煮熟的龍蝦。不知是不是因為出了一身汗，又在休息室喝了一大杯熱麥茶的緣故，感覺全身筋骨都輕鬆舒爽了，感冒竟然不藥而癒。

＋ 大河劇《篤姬》上演

距離這次的九州之行十多年後，二〇〇八年日本ＮＨＫ大河劇《篤姬》上映，帶動了薩摩半島的觀光熱潮，以前來鹿兒島看的是西鄉隆盛和薩摩十九少年的雕像，聽到的是明治維新的故事。電視劇《篤姬》上映之後，觀光客要看的則是和篤姬相關的種種歷史遺跡。

鹿兒島市馬上就有了個「篤姬館」，裡面陳列了拍片的服飾道具、劇照、有關篤姬的介紹，並且可以穿上女優的服裝實際體驗一番，再拍張照片做紀念。

觀光協會也立刻規畫出幾條有關篤姬的觀光路線，標示影片拍攝地點，並搭配觀光巴士，提供各種不同的觀光行程，一來服務觀光客，二來也提振觀光繁榮了地方經濟。

據說篤姬出生的今和泉島津家，本邸就在鹿兒島城下的北側，童年的篤姬則大都住在靠海的「濱屋敷」，附近的海岸或許就是篤姬和青梅竹馬的玩伴奔跑追逐過的地方。今和泉小學和指宿商業高中校園的一部分，也是當年今和泉島津家的別邸之一，如今依然殘留著松林和邸宅的石牆。仙巖園、石橋紀念館一帶也是《篤姬》的拍攝地，可以望見櫻島和錦江灣（現在的鹿兒島灣）。這些地方都成了「篤姬迷」必到的景點。

「天璋院篤姬」，這個德川幕府最重要的女性，在情勢激變動盪不安的危局中，為確保德川家族的存續並開啟日本新局，貢獻了極大的心力。雖然迫於情勢與情感的矛盾，終其一生未曾再回到薩摩故鄉，沒想到一百多年後竟以這樣的方式回來，回饋她所愛的故里。

為旅行加分
的浪漫列車

／坐火車去旅行

在台灣，我大概什麼線的火車都搭過了，除了高鐵，台鐵縱貫線、花東線、南迴線、內灣線、集集線、平溪線，還有阿里山線，通通都搭過。最喜歡的是阿里山線和平溪線的小火車，因為一搭上晃晃悠悠的小火車，感覺就是在旅行，在追逐一個夢。

在日本，我也喜歡搭著火車到處跑。城市與城市之間以新幹線移動，在鄉間則常常搭窄軌電車，這樣的鄉間電車讓心情格外舒緩沈靜，時光的腳步也變慢了，慢悠悠的車速，車窗外緩緩倒退的分明是陌生，卻彷彿在某個夢境裡出現過的景物，讓我有點恍惚，覺得這電車就要

帶著我去到不可知的地方，心裡有著某種說不清的期待。

有一次去京都，和朋友數算一下，竟然換乘了十一種交通工具，包括飛機、子彈列車、地鐵、汽船民船腳踏車等等，比來比去，我還是最喜歡嵯峨野觀光小火車，大概是因為站務員的熱情招呼吧。

那是我第一次在日本搭觀光小火車。一行人買了票之後，站務員一直遊說我們利用等車的空檔去參觀車站旁邊的一處蘭園，賞花並且喝咖啡，給了我們很好的折扣優惠。然後搭上 Romantic train 嵯峨野號到龜岡，再搭民船順保津川而下，抵嵐山渡月橋。

之後我就對這樣的鐵道車著了迷，尤其是季節限定的觀光列車，更使旅行增添了許多情

/列車之旅
/悠閒時光
/JR阿蘇車站
/阿蘇boy蒸氣火車

／嗨，58654！
／Aso boy的牛仔列車長
／富良野薰衣草號
／京都嵯峨野觀光小火車
／快樂火車之旅

趣。例如北海道的norroko薰衣草號、釧路濕原號、寒河江櫻桃號……都留下十分美好的旅行印象。還有做夢都想去搭乘的ＳＬ盤越物語號、冬之釧路濕原號……說不定哪天心血來潮就突然跑去搭了。

最難忘的要屬在九州搭《ASO BOY》蒸汽火車。真的是噴著煙冒著氣的蒸氣火車頭喔，我們從阿蘇站搭到熊本站。長得像混血兒的型男列車長一身美國西部牛仔的裝扮，簡直成了明星，火車一靠站就自動站到「車頭」去，好讓遊客拍照。

這輛蒸氣火車的內裝完全原木打造，溫馨舒適，還設有吧台販賣咖啡飲料，而且貼心的準備了牛仔帽，讓乘客戴著拍照。

到達熊本站，列車長還特別恩准坐上駕駛座拍照，真是樂壞了我們。呵呵，我忘了有沒有去鏟煤加水，因為滿腦子只記得那位超帥的列車長。

《58654》蒸汽機關車一九二二年出廠，服役至一九七五年因高齡廢車，一九八八年復出，以《SL あそ BOY》愛稱行駛於熊本和宮地間，至二〇〇五年八月二十八日復以車況不佳停駛。可能因為各界表達強烈懷念和不捨之意，因此經過大修後，二〇〇九年四月二十五日又以《SL 人吉號》復出，行駛於熊本和人吉之間。

《58654》是目前JR鐵道最長壽的現役機關車，算一算，已是高齡九十的老頑童了！

/噗哧噗哧「冬之濕原號」　/開往北海道的寢台車　/追風新幹線極速列車

一步一景
栗林公園

／小松亭

一早我們去琴電瓦町站地下一樓的停車場租腳踏
車，二十四小時才一百日圓，不用押金，看一下證
件就行了，全市有七處這樣的租借點，真是非常便
民的措施。高松的自行車道規劃得十分完善，標示
明顯，不會與汽車爭道，一行人輕輕鬆鬆就騎到了
栗林公園東口。

栗林公園座落在香川縣的高松市，是來到四國必遊
的景點，屬江戶時代留下的迴遊式「大名庭園」，

／騎單車到栗林公園

／栗林公園一步一景

占地七十五公頃，已被指定為國家「特別名勝」。栗林公園據稱
始建於西元一四〇〇年左右，原做為佛教信仰的庭園。十七世紀
時，再歷經五代高松藩士費時百餘年的興築，才有今日的規模。
名之「栗林公園」，一說出自中國古典莊子山水篇「遊於栗林」
之句，一說因其原是一片栗樹林，如今只剩下三棵。

話說江戶時期，各藩主大名競相構築庭園，互相誇示較量，蔚為
風潮，帶動了庭園造景技術的發達。當時流行沿池泉悠遊散步賞
景的迴遊式庭園，再集合個人喜好的枯山水、書院建築、展望
台、茶庵等等，如此集各樣式之大成的庭園建築就稱做「大名庭
園」。興盛時期，江戶土地被這些大名庭園、大名屋敷占據過
半，明治時期雖式微，如今還是在日本全國各地留下了許多「大
名庭園」。

／掬月亭。

／掬月亭長廊
／掬月亭大廣間

栗林公園分南庭和北庭，南庭是和風迴遊庭園，北庭則是準洋風的現代化庭園，松林池泉各有所長。整個園區共配置有六個池、十三座假山，並借景蒼翠的紫雲山和四時季節風貌，一步一個景，真是美不勝收，徜徉其間倍感心曠神怡。

栗林公園最珍貴的莫過於樹齡超過三百年的龜鶴松、箱松和屏風松，樹形經過仔細的雕琢和培植，枝幹嶔崎別富逸趣。在湖岸有一整排松樹，枝幹與根部都交相纏繞，株株相連盤結在一起，一眼望去有如屏障，我想這就是有名的「屏風松」了。

我們到的時候是四月初，梅花才謝，染井吉野櫻花開六分，枝垂櫻則已開到極致，滿園都是賞花人。夜晚點燈到九點，在燈光映照下，花影迷離，平添無限詩情。賞花人或呼朋引伴，或扶老攜幼，或儷影雙雙，又是另一番美好景致。

迴遊玩賞逛累了，最愛是茶庵。公園裡設有幾處茶庵，如掬月亭、日暮亭，有晝食也有抹茶和煎茶的茶席，但是晝食必須在前一日預約。小松亭則有烤麻糬和香腸、關東煮等小食。這些茶庵各有不同的景觀可賞，走累的旅人可以歇腳休息一下。

掬月亭則是幾代藩主都喜愛的茶庵，一面池泉三面枯山水，景色殊勝，最宜在這裡小作休息，享受靜美佳趣，尤其茶席上抹茶搭配栗菓子糕的絕美滋味，更讓人回味無窮。獨坐廊沿下，面對一池山水，靜思冥想，把心靈淨空，說不定就能悟出一番人生大道理。

╱掬月亭佳色 　╱掬月亭的栗菓子

／掬月亭的窗

／栗林公園

從掬月亭望過去，視野最是開闊，整個南
湖景色如畫卷一般鋪展開來。這時正是春
天，眼前一片新綠；如果是秋天，右前方
沿著湖岸的一排楓樹被秋霜染醉，如火楓
色映著碧波，景色更是無雙。南湖的盡頭
是偃月橋，再過去就是飛來峰了。如果站
在飛來峰上，所見景色又是一絕，依序是
偃月橋、南湖、掬月亭和蒼翠的紫雲山，
堪稱是栗林公園最經典最美麗的景色了。

除了掬月亭的栗菓子糕，我還愛小松亭的
「黑輪」，更喜歡那位歐巴桑老闆娘。小
小賣店前設有休息的座椅，買幾支烤糰
子，再加兩盤綜合關東煮，閒聊時誇她幾
句，她立刻轉身去沖來一壺煎茶，說是
「撒蜜斯」，老闆娘請客喔，真是可愛又
可親的人。

／栗林公園

最吸引我的則是看到花園亭朝粥的介紹，它這樣寫著：

早一點起來，在殘留著朝霧的靜寂庭園悠然散步
在借景紫雲山的北湖之濱，享受你的朝粥………

這樣情意款款的勸誘，對我這遲睡晏起的夜貓子也是充滿誘惑的。這的確是日本少有的早朝庭園，早起到公園散散步或小跑一圈，然後擦去汗水踱步到花園亭，來一碗朝粥，啊，人生如此，真是夫復何求？

昔日的大名庭園而今的栗林公園，已是十分的平民化，經常舉辦各種展覽和活動，

／栗林公園珍貴黑松

諸如摘新茶體驗、盆栽展覽、茶道講座、賞梅賞櫻會等等。平日門票四百日圓，可以辦年票，一年不限次數二千五百日圓。我真的很想辦一張，天天來此逛一回，不長壽也難！

／小松亭親切的老闆娘
／珍貴的屏風松
／栗林公園枝垂櫻

CHAPTER 2

本州、九州、四國追櫻

傳説中的
地中美術館

／草間彌生的紅色大南瓜在宮浦港

在我被宰制的印象裡，直島＝地中美術館＝安藤忠雄，在某些程度來說的確是這樣，來直島，很多都是為了安藤忠雄而來。

我必須誠實的說，我並不是安藤忠雄迷，對他被世人推崇的建築素無研究，也不著迷，有些薄淺的認識只來自人云亦云。

然則這次到日本四國，最想去的景點還是地中美術館，大概是心中想要一窺究竟的好奇心在作祟吧？

／從高松築港搭船到直島
／直島宮浦港
／直島的巴士站

我們由高松築港搭船到直島的宮浦港，船票來回九七○日圓，一天五趟船班，島上交通仰賴巴士，班次不是很多，所以必須把時間掌握好才能接駁順暢。

傳說中的地中美術館戒備森嚴，我們早有心理準備。巴士抵達時，有一位年輕人來引導指點我們在哪裡排隊，後來發覺他並非工作人員，只是個熱心人士吧.。由於距開放時間還早所以就到處看看，逛逛所謂的「莫內庭園」。十時正穿著白衣的工作人員前來售票，看到那一身白衣害我以為是置身在太空實驗室，而且每個人都不苟言笑，一副很酷的樣子。

或許因為人不多的緣故吧，管理不算太嚴格，沒有收走相機，我們不想寄放背包也只交代若坐下時記得把背包放在腳邊，並囑咐關閉手機、不可拍照就放行了。

通過一片據說是仿莫內荷塘的庭園造景來到美術館門口，我掏出相機就要拍照，卻被制止了，叫我轉個方向不要對準門內拍，然後進到館內，相機就完全無用武之地了。

這個像迷宮一般的地下美術館，有人戲稱它是防空洞，窄長的通道通向地下，迎面是十足安藤風格的清水模高牆和三角石庭，以及僅見的一小片矮牆芝生。

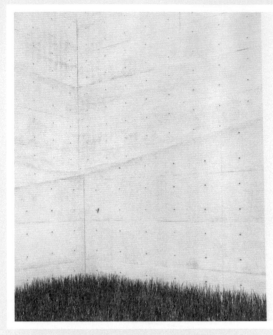

地中美術館

自然と人間との関係を考え
瀬戸内の静かな自然が発
その場に最もふさわしいア
人間の知性と感性の刺激

／票價￥2000，留下這張簡介，圖爲館內清水模牆和矮藺芝生。

／這是仿莫內花園的荷塘造景

／大門出入口

迂迴轉折的偌大空間只展示了三位藝術家的作品，安藤爲他們設計了專屬的展示室。首先是Walter De Maria的作品，展覽室裡置放一個直徑二‧二米的黑色大圓球，壁上分組排列二十七枝金色角柱，開著天窗，天空的光線投射進來，日出日落月換星移，白雲蒼狗天光雲影，使得這個空間景物變幻莫測，也彷彿可以聽見光陰悄悄躡足移動的聲音。

再來是James Turrell的「Open Sky」等三件創作。空間與顏色光影的轉換投射像在玩魔術一般，讓人頓時懷疑起自己對空間的判斷能力，腳下走得

在類如這樣的一個黑暗空間
前方投射著矩形色塊
我一步一步爬著階梯　走向前
突然就頭昏了起來
像要掉進虛空裡

／找的地中美術館印象之一

／步出咖啡室，順著台階走下來……

顫顫危危戰戰兢兢，心中驚奇不已，也有人一時無法順應頓覺胸悶不適。

重量級的展出則是印象派大師莫內的作品。當安藤忠雄遇上莫內，所激發出的創意的確是令人感動的。五件作品都是莫內晚期的小號作品，卻都獨占一面大牆，粉白的牆面，柔和的自然採光，對藝術作品真是無上的尊寵。讓我不禁懷想起法國莫內美術館的橢圓廳，雖能坐在長椅上安靜的凝視默想，感覺十分的親和並能觸動心靈深處，然而到底是狹隘窘迫了些，同樣是捕捉光影的藝術大師，安藤真該去設計莫內美術館。

參觀這些展覽室時，穿白衣的工作人員如影隨形盯得緊，氣氛凝肅，因此來到「地中咖啡」時不覺鬆了一口氣，如釋重負。這咖啡室雖然窗景很不錯，但我更愛戶外景緻，就端了杯咖啡步下台階，眼前豁然開朗，一灣海岸迤邐而去，蔚藍海洋映著藍天，左前方就是Benese house。突然從地底鑽出來重見天日，我覺這景色真是太美了，勝出安藤忠雄

／地中美術館前的開闊海景，買一杯咖啡
　賞此美景，是十分值得的。
／地中美術館一角
／左前方就是Benese house

不知幾倍，這地帶好像沒人管，我看到有人在拍照，也趕緊拿起相機搶拍了幾張。事後想想覺得真是好笑，這本來就是個開放的大自然空間啊！

離開地中美術館時，我問工作人員要看黃色南瓜應在哪一站下車？他說在Benese house，我們就從Benese house沿著海岸走到「つつじ莊」，沿途有許多戶外藝術裝置，可以撫摸擁抱賞玩，感覺親和有趣多了。

記得曾瞄到海岸邊有一堆亂石，雖覺這些石頭有點意思，卻沒多加留意，後來查閱資料才發現那是蔡國強的大作，題名《文化大混浴》，總共用了三十六塊石頭，運用中國的風水法配置，中央有個風呂引進海水並放進五種藥草，據說結合了中國的、美國的、日本的……文化，所以稱做《文化大混浴》。我

／Benese house 外觀十分低調

真是有眼不識泰山了,蔡國強可是第一屆Benese獎的得主,當今更是炙手可熱的藝術家哩。

如今的直島因地中美術館而貴,每年湧進十二萬遊客,島上處處藝術裝置,儼然是個盛大的藝術博覽會,所以,如果說直島就等於地中美術館,好像也沒什麼不妥了。

／直島戶外裝置藝術
／戶外藝術裝置
／Benese house

Q彈美味
讚歧烏冬麵

／烏冬麵店

讚歧烏龍麵，我喜歡稱它「烏冬麵」，也有人寫做「餛飩麵」。

據說，瀨戶內海一帶由於雨量少水稻生長不易，庶民多以麵食為主。
而烏冬麵（うどん）的做法相傳是空海法師自唐朝傳入，盛行於香川
縣讚歧地區。至於烏冬麵和一般麵條的區別，在當地也有嚴格的規
定，不管是圓麵方麵，其直徑或寬度都要在1.7mm以上，是以低筋麵
混合中筋麵製作而成的，據說祕訣就在於手打腳踩，以及過程中加入
的一把鹽，提昇了麵條特殊的Q彈風味。

／商務旅館的早餐烏冬麵
／月見烏冬麵
／打入一顆像太陽的生蛋
／ねつき烏冬麵

烏冬麵的吃法素樸，通常都是以小魚干熬湯醬油調味做湯底，鋪上蔥花麵酥，再打個蛋黃不偏不倚在中央的生蛋，或是煮成糖心的半熟蛋「溫玉」，這就是很傳統的烏冬麵吃法。用筷子把蛋一夾然後拌開，雪白的麵條沾裹金黃蛋汁，在視覺上就是一大享受，然後呼嚕一口，滑溜的麵條在齒舌之間溜轉，輕咬幾下很是彈牙，我小心翼翼，生怕一不小心太快滑入喉嚨噎住了。

我在香川縣高松住的旅館是dormy inn，供應的早餐就是烏冬麵和咖哩飯，兩位忙得不可開交的廚娘打過招呼後，第一句話就是問你：「要烏冬麵或蕎麥麵呀？」

第二句話問的是：「要不要加山藥泥？」

然後你自己加蔥花、竹輪甜不辣和海苔，甜薑七味粉任你倒。

一碗烏冬麵稀哩呼嚕吃完，肚子若還有餘裕就再來一碗咖哩飯。 不止如此，還有宵夜哩，每天晚上九點半供應拉麵和五目飯。幸好是拉麵而不是烏冬麵，要不然連住三天吃下來，豈不一肚子都是烏冬麵了？話說這個宵夜，剛開始還覺不好意思，總要拖拖拉拉推延個幾分鐘才慢慢走到餐廳，到了第二天就老實不客氣，時間一到就準時出現了。 我們把晚餐費省下來喝咖啡吃水果上居酒屋，真是不亦快哉！

／素樸美味的烏冬麵　／炸蝦烏冬麵

在四國，到處都可以碰到賣烏冬麵或做烏冬麵的，最好的當然屬讚歧地區。據說光只讚歧地區的烏冬麵店，大大小小就有一○○○家，價位高低不等，也有百圓左右便可吃到一碗簡單的烏冬麵，是非常庶民化的吃食。

讚歧地區烏冬麵店的型式大約有三種。第一種是一般的飲食店，MENU上列出所有選項，點好之後廚房做了端給你。第二種是自助式的，自己端了烏冬麵，炸蝦、溫玉、天婦羅……要吃什麼拿什麼，再加湯調味，吃完了結帳。第三種是製麵所附設的，在店內一角擺設幾組桌椅，甚或人多了就站著吃。因為是製麵所，感覺烏冬麵特別香Q柔滑，所以在地人和內行的旅人最喜歡到製麵所吃烏冬麵。

網路上傳說的逸品烏冬麵，有時是在田中央，四周無人煙，孤立的一棟小房子，沒有店名招牌，看看也不像個店，卻每天限時供應一兩小時的特製烏冬麵，賣完就閉店。現代人很吃這一套，追捧者趨之若鶩，允為人間極品。

讚歧地區有好幾個烏冬麵會館和烏冬麵學校，提供烏冬麵的體驗教學。從和麵開始，手打腳踩再加搗、揉、捍、切，十八般武藝教給你，完成後當場教你煮好麵

／在四國，到處可見烏冬麵店。

一起品嘗，還有成品帶回家，並且頒給你
一張證書。如果時間允許，不妨去體驗一
下，學了好手藝，又可帶一張證書回來，
也是旅行很好的紀念品。

我手邊一本旅遊書詳細繪出了烏冬名店地
圖，網路上也有許多推薦的美味名店，誘惑
得我想要一一去探訪品嘗。例如本田家、
88、松下製麵所……光只看到照片就引得
我口水直流了。但是實在沒有那個胃納，算
一算在四國一星期，我就吃了十碗烏冬麵，
吃麵吃到都快變成「烏冬臉」了！

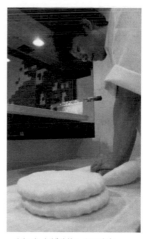

／烏冬麵製作（88攝）

所以，88，以及松下製麵所，還有琴平的中
野烏冬麵學校，都只能留待下次再造訪了。

Chapter 2
本州、九州、四國追櫻

JR德島線+土讚線+予讚線：德島──松山

Ⓐ 阿波舞會館

地　　　址	德島市新町橋2丁目20番地
電　　　話	088-611-1611
開放時間	商店9：00〜17：00，公演終場20：50
休 息 日	每月第二、四星期三。
門　　　票	日場￥500，夜場￥700，持用四國觀光護照八折。
交通指南	JR德島駅徒步約10分
網　　　址	http://www.awaodori-kaikan.jp/

Ⓑ 眉山公園

地　　　點	德島縣德島市眉山町茂助ヶ原
電　　　話	088-621-5295　眉山觀光協會
休 息 日	無休
門　　　票	免費
交通指南	在阿波舞會館搭乘纜車4分。

Ⓒ 眉山纜車

地　　　址	阿波舞會館5樓
電　　　話	088-652-3617
休 息 日	全年無休
運行時間	4月至10月　9：00〜21：00 11月至3月　9：00〜17：30 8/12〜8/15　9：00〜22：00
費　　　用	來回票大人￥1000，兒童￥500，持用四國觀光護照八折。
交通指南	JR德島駅徒步約10分。
網　　　址	http://www.awaodori-kaikan.jp/bizan-ropeway/

Ⓓ 東橫INN德島站前

地　　　點	德島縣德島市兩國本町1-5
電　　　話	088-657-1045
宿泊費用	￥4200〜/人
交通指南	從JR德島站步行5分鐘。
網　　　址	http://www.toyoko-inn.com/index.html

| 德島 | ・眉山公園
・阿波舞會館
・中央公園 | 阿波池田 | ・東、西祖谷遊覽區 | 琴平 | ・金刀比羅宮
・Conpira溫泉 | 多度津 | 松山 | ・松山城
・城山公園
・道後溫泉 |

Ｅ 金刀比羅宮

地　　址｜香川縣仲多度郡琴平町892-1

電　　話｜0877-75-2121

交通指南｜1. JR琴平站或琴電駅步行到參道入口約
　　　　　20分。

2. 參道入口到本宮大約40分，本宮至奧社
約40分。

3. 參道入口可搭「石段駕籠」到大
門，上行￥5300，下行￥3200，來回
￥6800。

網　　址｜http://www.konpira.or.jp/

Ｆ 琴平GRAND HOTEL 櫻の抄

地　　址｜香川縣仲多度郡琴平町琴平町977-1

電　　話｜0877-75-3218

房 間 數｜和室72室

宿泊費用｜￥15800～/人（一泊二食）

交通指南｜JR琴平站徒步20分。可預約旅館接送。

Ｇ 四國交通會社定期觀光巴士 西祖谷 course

行　　程｜阿波池田巴士站11：40>大步危峽舟行
　　　　　（午餐）>平家屋敷>蔓橋>祖谷溪谷、
　　　　　小便小僧>阿波池田巴士站16：20

實施期間｜3月1日～11月30日每日運行

費　　用｜大人￥5200，兒童￥4700。含午餐和門票。

預約電話｜四國交通阿波池田案內所
　　　　　0883-72-1231

網　　址｜四國交通http://www.yonkoh.co.jp/

Ｈ 東祖谷 course

行　　程｜阿波池田巴士站10：00發車>JR 大步
　　　　　危站>龍宮崖橋>東祖谷Iyashino溫泉鄉
　　　　　（午餐）>名頃案山子>奧祖谷二重蔓
　　　　　橋>落合集落>東祖谷民俗資料館>JR大
　　　　　步危站> 阿波池田巴士站17：40

實施期間 | 4月1日～11月30日的星期六、日、一。
費　　用 | 大人￥6300，兒童￥5800。
　　　　　　含午餐和門票。
預約電話 | 四國交通阿波池田案內所
　　　　　　0883-72-1231
網　　址 | 四國交通http://www.yonkoh.co.jp/

Ⓘ 道後溫泉本館

道後溫泉開湯三〇〇〇年，號稱是日本最古老的溫泉。道後溫泉本館建成於一八九四年，是一座木造三層樓的城堡式建築，已被指定為國之重要文化財，是道後溫泉的象徵，也是漫畫「神隱少女」裡油屋的藍本。

本館裡有二個浴場，泡完湯後可以免費使用大廣間休息，並參觀夏目漱石常用的房間。另有二樓的休息室、三樓的個別湯屋、以及參觀皇室專用的浴池，則必須另外付費。

地　　址 | 愛媛縣松山市道後湯之町5-6
電　　話 | 089-921-5141
營業時間 | 6：00～23：00
休 息 日 | 無休
門　　票 | 神之湯入浴大人￥400
　　　　　　靈之湯、神之湯入浴和2樓休息室大人￥1200
　　　　　　三樓個室￥1500
又新殿參觀費 | 大人￥250
交通指南 | 從伊予鐵道後溫泉站步行5分鐘。

Ⓙ 松山城

地　　址 | 愛媛縣松山市丸之內、堀之內
電　　話 | 089-921-4873
　　　　　　（松山城綜合事務所）
休 息 日 | 無休
門　　票 | 園區免費，天守閣大人￥500，小學生￥150
交通指南 | 從伊予鐵道大街道站步行5分鐘到纜車登山口，搭纜車3分鐘即達。
纜車營業時間 | 8：30～17：30（依季節不同會更改）。
　　　　　　　票價來回大人￥500，兒童￥250
網　　址 | http://www.matsuyamajo.jp

Ⓚ 松山JAL CITY HOTEL

地　　點 | 愛媛縣松山市大手町1-10-10
電　　話 | 089-913-2580
房 間 數 | 161室
宿泊費用 | ￥4400～/人
交通指南 | 距JR松山站600米，徒步10分。或搭伊予鐵道路面電車，在「西堀端」下車即達。

Ⓜ 全日空Gate Tower Hotel大阪

地　　址｜大阪府泉佐野市Rinku往來北1番地

電　　話｜072-460-1111

房 間 數｜357室

宿泊費用｜￥6750～/人。

交通指南｜關西空港和旅館間有免費的接送巴士。

Ⓝ 大阪彌生會館

地　　址｜大阪市北區芝田2-4-53

電　　話｜06-6373-1841

房 間 數｜80室

宿泊費用｜￥6000～/人

交通指南｜從JR大阪站中央北出口徒步5分。

CHAPTER 2

歡樂阿波舞

／德島港灣

阿波，是德島舊名。

阿波舞，它是什麼舞呢？當然就是盛行在德島地區的舞踊了。起源已不可考，一說來自每年八月的盂蘭盆踊，最普遍的說法則是一五八七年德島藩主蜂須賀為慶祝德島城落成，擺設酒宴大肆慶祝，要城下人隨意同歡跳舞。衍生至今日，德島於每年的八月十二日起一連四天，舉行阿波舞祭，吸引了一百多萬觀光客前來參加。

來到德島之前，我在扇面上看到阿波舞，在瓷盤上看到阿波舞，也在

德島街道上看到阿波舞的男女塑像，感覺這個舞蹈應是自由奔放、充滿活力和歡樂氣氛的。

搭纜車上眉山公園賞櫻看夜景之後，我們在阿波會館觀賞阿波舞。觀眾不少，很多是來自日本各地的旅遊團。

上場表演阿波舞的舞者男女老少都有。女性頭戴竹笠，身著長衣繫腰巾，顏色鮮麗。男性則是夏日浴衣或短著，其中有一個短衣短褲的辣妹，扭腰擺臀拍著手鼓，動作誇張，服飾有點不搭調。這些服飾我沒弄清楚是哪個時代的庶民打扮，猜想大概是隨意組合的吧。我笑自己可真是外行人看熱鬧了。

舞蹈時吹笛或擊太鼓為樂，女性大約是二拍子四個動作，比較中規中矩，看似簡單實則困難。腳底踩著高跟夾腳鞋，腳尖踮起很像金雞獨立的姿勢，雙手上舉擺動，又要隨著節拍律動款舞，這就很難了。我試了一下，單腳踮起雙手上舉，身子馬上失去平衡，簡直要仆倒或「倒頭栽」了。

男性的舞步則奔放許多，自由揮灑，幾個年紀較大的阿伯更是大開大闔舞得淋漓盡致，臉上更做足了表情，是全場觀眾注目的焦點。有個小男孩好像扮演「放鳶人」

/阿波舞瓷繪
/阿波舞塑像
/阿波舞

（放風箏）的角色，手執一根無形的線，收放自如，很樂在其中的樣子。

舞者表演完邀請觀眾上台同樂，逐步教學，最後還頒獎給學得快跳得好的觀眾，全場樂呵呵皆大歡喜。

不過，說實在話，我真的看不出什麼名堂，好像除了手舞足蹈之外並無什麼內容，大家同樂同樂罷了。難怪德島人要這樣說：

跳阿波舞的人是笨蛋，光看不跳更是大笨蛋！

呵呵，我是大笨蛋之一。

／阿波舞
／歡樂阿波舞
／阿波舞女郎
／跳阿波舞的小帥哥

／酷酷船老大
／德島港灣

旅遊隨手貼

德島，是由關西機場進入四國最方便的地點，搭高速巴士三小時可達。

我在旅遊備忘上這樣寫著：

阿波舞會館前，十時至十五時，免費巡遊巴士，一周四十分。

兩國橋，十三時至十六時，免費船遊，一周約四十分。

德島人對外來客真是體貼啊。所以一到旅館放下行李後，立刻邊走邊問路趕到阿波舞會館前，一看巴士還停在那兒，覺得真是幸運。可是左等右等不見動靜，就到附設在阿波舞會館一樓的觀光案內所詢問，原來這巴士只在周六周日和假日運行。

一行人有點失望的去吃了午餐，再轉向兩國橋等船。時間一到船老大果然來了，要大家自由投下一百圓保險費，登記一下名字，就酷酷的把我們請上船，也不管岸上還有幾個人在等候，催足油門就出發了。循著新町川和助任川風馳電掣航行，把瓢簞島繞了一圈，全程大約三十分鐘。

這個船老大有趣。上岸後要我們「就斗媽爹」，神祕兮兮的拿鑰匙開了小屋的門，捧出一盒德島土產和菓子，一一分送給大家，賺得許多感謝和擁抱，幾乎把他樂壞。

德島，給我的印象就像這位船老大一樣，洋溢著單純的知足和幸福。

西祖谷祕境
一日遊

／搖搖晃晃的蔓橋

幾年前去山口縣看過錦帶橋，並在岩國城見過三大名橋的照片，知道三大名橋是山口縣的錦帶橋、山梨縣的猿橋和四國的蔓橋，我在蔓橋的照片前久久佇立，照片上的蔓橋奇特驚險，是完全用藤蔓編結綑紮而成的索吊橋，先民跋踄過橋時想必步步驚險。這座奇橋深深吸引了我，因此這次規畫四國行程時就把它列為首要必遊的景點了。

四國這個地方和日本本島隔著一個瀨戶內海，算是偏遠離島了，沒有新幹線，交通明顯不方便。由關西空港要到四國，鐵路當然是可以通行的，但是交通費昂貴，中途又要轉乘幾次，很是折騰，因此大都選

／古董級觀光巴士
／遠望蔓橋

擇高速巴士，到德島三小時，到高松四小時，足
夠坐到頭昏眼花筋骨酸痛。

我在日文網站上看到有人由福岡要到高松去，詢
問最方便廉宜的交通方式，所得到的答案是搭電
車到岡山再轉車。其實還有個夜行巴士，福岡到
高松八千日圓，不用換車折騰，交通費也便宜許
多。或由新門司搭東九航線的夜行船到德島，不
過據搭過的人說，由於走的是外海，加上船小浪
大，整夜搖晃不得安眠。

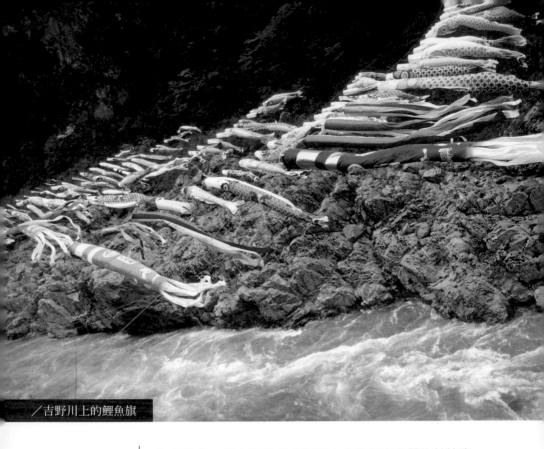

／吉野川上的鯉魚旗

這樣說來，行走在瀨戶內海的小倉和松山之間的航線應該會平穩許多。

列舉這許多交通方式，意思是說：四國真是個偏遠地方，安排行程必須留意交通狀況，電車不但速度慢而且班次也不多，巴士的連結也不順暢，如果未事先做足功課，可能會讓旅程產生諸多困擾。

就是因為考慮到交通因素，所以安排「西祖谷」的行程時，我們選擇參加當地一日遊的團，省去了搭電車轉巴士，還要自己招緊時間徒步跋踄的麻煩。我在阿波池田巴士的官網上，看到一日遊的這台古董巴士，總共只有二十四個座位，為了確保人人都能上車，就先行在台灣請信用卡白金祕書服務，早早預定了座位。

/一步一驚魂

當大早上我們由德島搭「劍山三號」特急電車，到JR阿波池田站，再步行五分鐘就到巴士站，服務人員幫我們把大件行李寄存，時間還很寬裕，一夥人又去逛附近的大超市了。

祖谷地區位處四國中部，德島縣的西邊，形勢十分險要，號稱是日本三大祕境之一。歷史上有名的「源平合戰」之後，一部份戰敗的平氏落人為躲避追兵，一路奔逃到祖谷地區才安頓下來，因此這地方留下了一些和平家相關的遺跡，例如平家屋敷和蔓橋。

/蔓橋
/危崖上的小便小僧

日本人很喜歡搞什麼「三大名園」「三大名城」……三大名什麼的一大堆名堂，四國地區竟然一舉囊括了三大名橋的「蔓橋」、三大暴川的「吉野川」、二大祕境的「祖谷祕境」，這次的四國之行，我就一起把它涵括了進來。其實也都在這「西祖谷一日遊」的觀光行程裡面。

這個觀光course，包括大步危舟行、平家屋敷、蔓橋和小便小僧等景點，還含午餐，每人五二○○日圓，價錢合宜。

我坐在司機的後面，看著司機左三圈右三圈的轉動方向盤，雙手忙個不停，再看一邊峭壁一邊萬丈幽壑的奇險山路，始知一趟祕境之行是多麼不容易。車子停在大步危乘船處，這是吃午餐和搭船的地方，可以由這裡乘船下行到小步危，沿途欣賞吉野川的激流和兩岸陡峻峭壁，景色奇絕。

遺憾的是售票口貼出了「因吉野川水量增加所以停航」的訊息，這個船遊暴川的行程只好取消了，替代的是參觀「石的博物館」。

這個博物館好像成立未久，石頭藏品不算多，倒是增加了一些妖怪塑像和頭形面具什麼的，包括鬼太郎和鼠男，這倒讓我意外，因為離開四國之後我們就要去境港看妖怪，這會兒算是先行見習吧。說實在的這些妖怪塑像恐怕是怪恐怖的，卻做得稍嫌粗糙，也少了一點親和幽默的氣氛。不過地方還算寬敞，這祕境地點又有點詭異，滿適合在此召開世界妖怪會議。

吃過午飯後去參觀平家屋敷，屋宇格局不算大，家用器物簡約，落難奔逃，想必安家也格外辛苦吧。

再來就是主要景點「蔓橋」了。遠看一座飄搖索橋懸掛在兩山之間，幾個人在橋上走得戰戰兢兢，欲行又止。走近了再看，幾根巨大立柱，撐起以藤蔓編結而成像漁網一般的索橋，藤很粗，編結得也很牢固，但是透過間隙望向橋下，湍湍急流轟隆奔騰而過，一股寒意不禁由腳底直升上腦門。

資料上說：「蔓橋」全長四十五公尺，距溪面約十四公尺，是日本國家重要有形民俗文化財。為安全起見，除以鋼索加固外，藤蔓也每三年更換一次。

除了西祖谷的這座蔓橋，在東祖谷還有一座雙重蔓橋，如今大概純粹是觀光用途了，古代則有其戰略考量，臨危時拔刀斷橋便可退卻追兵。

橋下的祖谷溪是吉野川的源頭，激流沖刷切割出萬丈深谷。暴川蜿蜒，險壑峭壁，雕琢出祖谷祕境的絕美風景，在最為險秀的「七曲」危崖上，更有一尊可愛小僧，笑呵呵的站在那兒小便。

啊，向下一望，他可不也嚇得尿不出來了!?

▌旅遊隨手貼

觀光巴士的隨車導遊是個年約五十的可愛阿姐，一路上蒙她特別照顧。
行程結束時回到阿波池田巴士站解散，我拉著行李要過馬路，觀光巴士也要開回車庫去，正在等紅燈轉綠。這時那個導遊阿姐突然拉開車窗對著我做手勢，左一個親親右一個飛吻再加一個大擁抱。我一看立刻放開行李，站在路邊和她比來比去，飛吻擁抱個不停，動作越做越誇張。我想拿相機拍她，但是雙手實在忙得停不下來。
事後想想，如果那時有不明究竟的旁觀者，搞不好以為我瘋了。

上／觀光巴士的導遊阿姐
下／候車室裡，和真人一
　　般大的布偶乘客。

金刀比羅宮的櫻馬場

／粉色櫻花

我在日本香川縣琴平小鎮所住的旅館是《琴平GRAND　HOTEL櫻の抄》。問接待的美麗女孩，「抄」的日文怎麼唸？是什麼意思？

她說：發音「秀」，就是story的意思。

喔，櫻花故事。

本著這種追根究柢的精神，再來追究「金刀比羅」這幾個字，因為打從一開始我就不相信它是某個網路部落客所杜撰的「帶著金刀的比羅王」。

／JR琴平車站
／金刀比羅宮櫻馬場

從德島前往琴平的路上，腦海裡一直糾結著conpira和 cotohira這兩個名字，行前功課沒做完全，搞得滿頭霧水一腦袋漿糊，不知到底哪個是哪個？買車票的時候，我說conpiraeki，看到站務員歪著頭一臉狐疑的表情，我就知道一定說錯了。我說「Ｃotohira溫泉」時，好像也沒人聽得懂。

我拿出紙筆，寫下conpira和cotohira這兩個英文名字，請女孩寫下漢字。原來conpira就是「金毘羅」，cotohira是「金刀比羅」，「金刀比羅宮」奉祀著「金毘羅大神」，本來的名稱是「琴平宮」，後來改稱為「金刀比羅宮」。

原來如此，我還以為是為了說話的方便，cotohira音變為conpira哩。至於為什麼改稱為「金刀比羅宮」，女孩說她也不清楚。

／昔日高燈籠的作用如燈塔，可以指引船隻。
／五人百姓，特許販售「佳美代飴」。

Ｃonpira溫泉，近幾年大大有名，在日本溫泉百選的名次突飛猛進，我想漢字應該是「金毘羅溫泉」吧？《琴平GRAND HOTEL櫻の抄》即是「金毘羅溫泉」區的知名旅館。

至於琴平，也唸做cotohira，和「金刀比羅宮」又有什麼關係呢，這就問不出所以然來了。但是卻勾起了我的興趣，到「金刀比羅宮」的官網爬梳了一下，原來「金刀比羅宮」名稱的演變過程竟是一頁日本的宗教歷史。

據記載「金刀比羅宮」已有三千年歷史，初始奉祀大物主神，稱「琴平神社」。中世紀時佛教傳入並盛行，受「本地垂迹說」的影響，神道教的自然神和人物神都需對應於佛教的菩薩，是以改稱「金毘羅大権現」。一一六五年迎祀流放讚歧九年，鬱悒駕崩的崇德天皇，神佛合祀。

到了明治元年為防止神佛混淆，倡言神佛分離，進行廢

左／信眾獻立的石燈籠
右／代替主人參拜的金毘羅犬

佛毀釋，神道教再起，成為國教，所有神宮寺院皆回復原來的神社名稱。本應改回「琴平宮」的，卻因大家都已習慣「金毘羅さん」的愛稱，就玩了文字遊戲，選了一個和「琴平」同音異字又與「金毘羅」音近的「金刀比羅」。至於為什麼非得選用「金刀」兩字不可，是否和昔時清水次郎長請人代參時奉納金刀的傳說有關？這就不得而知了。

不管是琴平神社時代的大物主神，或是之後的「金毘羅大神」，都是守護海事安全和消災解厄的神佛，因此除了航海的人之外，各界人士也會來參拜，自古香火鼎盛，而且據說江戶時代庶民是禁止出外旅行的，但是神佛的參拜並不在禁止之列，因此寺廟的參拜活動十分興旺，當時就流行著一種說法：「一生至少要去伊勢神宮參拜一次」。同樣的，讚歧的「金毘羅大権現」和京都的東、西本願寺，也是人們宗教之旅的畢生夢想，是趁便藉著神佛參拜而行旅行之實吧？

如果因體弱或因故未能親自參拜呢？也可請人或請家裡養的狗代參。

狗的脖子上掛著一個袋子，內置寫了主人名字的木札、香油錢以及一路上的食費，跟隨著旅人，並受到街道居民的幫助，終於完成了代主人參拜的行事。江戶時期此舉甚為盛行，因此特立了「金毘羅犬」的銅像以為誌。

我來，倒不是為了參拜，而是為櫻馬場的櫻花。

吃過早餐後走到旅館門口，《櫻の抄》的女將（老闆娘）隨即遞上竹杖，親切指點步行方向，向左轉即登上了參拜道的石階，因為《櫻の抄》即位在二十二級石段旁。如果從JR站開始走，大概要增加二十分鐘的步程。

金刀比羅宮境內共有本宮、表書院、裡書院、旭社和奧社等史跡。由參道入口到本宮共有七八五級石階，雖然很長，但沿途停停走走，逛逛兩旁的土產店，倒也不覺得太艱難。若要到奧社，就要再加五八三級。腳力不行的可以乘坐人力肩扛的「石段駕籠」，但也只到大門為止，後一段路還是得勉力一步一步向上爬，以示信仰的堅定虔誠。

進了大門，便見五個鋪著紅布的攤位分設兩旁，這便是所謂的「五人百姓」，這五戶人家的祖先因對金刀比羅宮的祭祀奉獻有功，所以特許他們在境內專賣傳統的「佳美代飴」。從這裡開始，便見石階兩旁種滿了成排櫻花，正值花開時節，櫻花夾道盛放，十分壯觀，人在花中行，渾然忘卻了攀登石階的辛苦，不知不覺就到了表書院，櫻花道的盡頭。

旅伴繼續向上，前往本宮和旭社，而我又被櫻花魅惑了，坐在石階上看著櫻花和賞花人，想著小小一座「金刀比羅宮」，竟給我上了一堂日本神佛興衰的宗教史，你說它重要不重要？

旅遊隨手貼

> 投宿傳統的日式旅館，常常會接觸到旅館的靈魂人物「女將」。「女將」就是女的老闆，綜理旅館大小事物，緊張、忙碌，但仍然保持優雅的形象，真不知她們是如何辦到的？總給人一種神祕和超能的想像。
>
> 「女將」一定會出現的時間大約是客人退房的時候，她們忙著和每個客人打招呼、道謝，歡迎下次再光臨。例如我在北海道十勝川溫泉所投宿的第一HOTEL，雖然飯店經營已交由兒子接棒，但是年近八十的「女將」仍然在送客的時間出現在旅館大廳，親切的和大家寒喧。我邀請她拍個照，她卻堅定的搖手說：年紀大了，不漂亮了，不想拍照……
>
> 「櫻の抄」的女將顯然很不同。不太漂亮的她，邀她拍照時緊緊的抓著妳的手摟著妳的肩，臉上的笑容像陽光一樣燦爛。

江戶風情
松山城祭

／護城河的天鵝

＋懷舊坊っちゃん 列車

一大早特地趕到JR松山站前，準備搭第一班的《坊っちゃん列車》
（坊ちゃん，音Bou chan），結果車廂滿載，列車長搖著手直喊「滿
員滿員」不能上車，奇怪囉這不是第一站嗎？怎會一下子就擠滿了
人？原來是我們搞錯了，《坊っちゃん列車》在松山的起站是古町站
和松山市站，真是虧到了，還特地買了一日套票並且算準了時間出發
的哩，沒想到還是失算了。

話說這個《坊っちゃん列車》，名稱來自夏目漱石的同名小說，中譯
《少爺》。 書中的主人翁坊ちゃん就是搭了這火柴盒蒸汽老火車，到

／小朋友最愛坊っちゃん列車
／坊っちゃん列車乘務員的服飾皆依古制

松山中學去赴任的,後來大家都暱稱這火車為《坊っちゃん 列車》。
這蒸汽機關車是伊予鐵道在1888年至1954年間所使用的火車頭,直
到全面採用柴油車才廢行。

後來為了發展觀光,許多人提議讓象徵松山市的《坊っちゃん列
車》恢復行駛,但因煙霧的污染問題無法取得平衡共識而胎死腹
中。二○○一年,伊予鐵道終於採取改用柴油動力的方法恢復行駛
《坊っちゃん 列車》,除機關車改用柴油之外,其他都依循往例,
制服如舊,汽笛嗚嗚嗚叫,連蒸汽火車頭噗哧噗哧的氣流聲也一如

／江戶美女和坊っちゃん列車
／扮裝的江戶美人
／少爺列車行車路線圖

往昔，只不過這是喇叭外掛播放的，煙囪也使用水蒸汽噴發的裝置，一切擬假如真，力求原樣再現，真是煞費苦心。

╋ 「大名行列」遊行

沒有搭到《坊っちゃん 列車》，只好改搭普通電車到道後溫泉，心中難免有一絲遺憾，但一步出道後溫泉站，就看見一輛《坊っちゃん 列車》迎面開了過來，原來這裡是調度場，《坊っちゃん 列車》要轉向再開往松山市區。大家萬分驚喜的立刻蜂擁上前拍照。拍完了照一轉身又是一個大驚喜，但見一位絕色美女施施然走來，還有三個賣藝人跟在後頭敲鑼打鼓。

坊っちゃん列車路線圖

道後溫泉駅
道後溫泉本館
古町
松山城
道後公園
JR松山站前
城山公園
大街道
松山市站
伊予鐵道

行車路線：
━ A：古町-ＪＲ松山站前-大街道-道後溫泉
━ B：松山市站-大街道-道後溫泉

／扮裝明治時代人物的大名行列　／大名行列遊行

鏘鏘鏘緊來看，有人有份大肚雙份，
今晚仔廟埕有「走街仔仙」，麥搬歌仔戲喔，
大家逗相報，阿爸牽阿母，阿兄揹小弟，
厝邊頭尾相招大家作伙來看戲囉…………

唉呀不是啦，不是用台語這樣唱的啦，這是日
本四國愛媛縣松山城祭「大名行列」遊行活動
的踩街預告，裝扮成昔年賣藝人的模樣邊行邊
舞邊敲鑼打鼓，隨行工作人員忙著把節目單分
送給行人和店家。最引人注目的則是和服裝扮
的江戶美女，舉手投足氣質高雅，淺笑盈盈，
拿著相機的遊客紛紛把鏡頭對準她，並且爭相
拍個合照。

「大名行列」的由來據說起源於德川幕府時代
的「參勤交代」，當年幕府當權者為防止藩屬
謀反叛變，規定各地「大名」隔年必須上京任
事，稱作「參勤交代」，旨在宣示威權並藉由
勞師動眾削弱親藩的財力。

／江戶風情再現　／扮裝的江戶賣藝人（黃凱婓攝）

「大名行列」一出動就浩浩蕩蕩綿延數里，包括家臣、家丁、女眷、傭僕，動員數百數千人，所耗不貲，光只宿場的打理就是一個大難題，今日的妻籠就是當年往來關東關西的重要宿場。或許因為耗損財力實在過於龐大，所以就有一些規模較小或家道中落的「藩」，到達最靠近京城的宿場時再招兵買馬僱人來充場面。

松山城是日本三大著名的山城之一，也是地理位置最高的城守，每年四月的第一個周五、六、日配合櫻花祭舉辦「松山城祭」，今年城祭的主要行事是「大名武者行列」的遊行，以及「流鏑馬」和定點武術表演。

首先在松山城的天神櫓前舉行神事祭告之後，遊行隊伍由登山纜車口經大街道商店街到千舟町，歷時一個多小時。大街道商店街擠滿了人山人海但井然有序的觀眾，眾大名們率家丁眷屬依次通過，服飾皆依古制，勇壯華麗，彷彿江戶風情重現，真是松山城春日裡的盛事。

✚ 嬉春

看完「大名武者行列」的遊行之後，我們搭纜車上松山城去賞花。松山城並不高，纜車三分鐘就到了。也可以坐纜椅，兩條腿在空中晃盪，很是刺激，但膽小的人是不敢坐的。如果時間充裕，安步當車慢慢走上山也是個好方法。

出了纜車站，一眼瞧去簡直是萬頭鑽動，人與花比多喔。就在這時候，我把 S 帶丟了。

全團裡對行程最沒概念最沒方向感的就是他，這下子可怎麼辦？剛剛明明還在櫻花樹下互相拍了照的，怎會一轉眼就不見人影？我焦急的四下張望，周日的下午，賞櫻的人這麼多，我到哪裡去找人？

我向著松山城裡走去，碰到 H，問他有沒有看到 S，他說：沒有。城裡的櫻花開得真好，人好多好多啊………

花季最後的一個假日。每一棵櫻花樹下都坐滿了人，好像松山市家家戶戶都出動來賞花了。新聞報導說櫻花已開到最盛，多麼好的晴風麗日，花見當及時。

／搭纜車上松山城

我向前行去。

匆匆賞景，焦急的在人群裡搜尋。看到一對對情侶，儷影雙雙似雙飛燕；看到一家老小，闔家團圓歡聚；看到白髮紅顏，親親蜜蜜引人遐思；看到賞花茶會的人們，優雅的品飲著，我也想舉杯，接住落下的櫻瓣，仰頭酩酊飲下。

一串串銀鈴一般的笑聲傳來，呵呵，美女嬉春，幾個穿著和服的麗人在櫻花叢裡嬉笑著，笑聲在春風裡迴盪。我暫時忘了尋找Ｓ的事，把相機對準她們，請求讓我拍幾張照片，好留住春光。

然後我轉身也沒入櫻花叢裡，望著枝頭上滿滿滿滿開到極致的櫻花，不知這嬌美花顏能留駐到幾時？明日，春花何在？

我痴然無語望著這春花，暫時忘了尋找Ｓ的事。

／每棵櫻花樹下都坐滿了賞花人

／松山城滿開的櫻花
／美女嬉春
／松山城櫻花祭（黃凱婓攝）
／春天的女孩

旅遊隨手貼

旅行到愛媛縣松山市的時候，正是周末。

本來想要投宿在道後溫泉，但是周末的溫泉旅館貴得驚人，而且稍一遲疑，就訂不到我想要的溫泉飯店了。然後我在樂天訂房網站上搜尋，被「十週年慶特典」誘惑，就訂下了松山JAL CITY HOTEL。房價便宜，附送超值早餐，更好的是可以選擇面對松山城的房間。

一進到九樓的客房，真的沒預期會有這麼好的視野，眼前就是護城河和城山公園，更遠一些就是松山城。太陽升起時，初陽蜜黃的光暈投射在護城河上……。面對這樣的美景，關於地後老舊和床鋪伊伊歪歪的缺點便都可以忍受了。只遺憾這麼好的立地，旅館看起來竟然經營得十分辛苦。

我喜歡松山的電車。除了《坊っちゃん 列車》，路面上奔馳的橘色火柴盒電車也很可愛，提醒到站下車時發出噹噹噹的聲音，所以暱稱為「噹噹電車」。假日運行的迴遊式觀光巴士則把人帶入時光隧道，洋溢著古典的悠閒氣氛。在道後溫泉遇見巧扮的江戶美女和賣藝人時，更讓人恍惚以為置身在三百多年前的松山城下町。

道後溫泉濃厚的溫泉鄉風情，以及松山城的處處飛花，一日漫遊，帶給我太多美好的感受。臨離去時，我在車站的俳句信箱投入了一首信手寫的小詩：

> 我來花燦開
> 我去花飄零
> 年年花相約
> 人生幾度逢

YELLOW ONE MAN DIESEL CAR

Y-DC125

Y-DC125
YELLOW ONE MAN DIESEL CAR
KYUSHU RAILWAY COMPANY

搭錯車

／九州的列車色彩都很鮮艷

吃完早餐從旅館出來，時間算得剛好，普
通腳程足夠趕得上一班始發的電車。

到車站的時候，月台上停靠著列車，走在
前頭的旅伴毫不猶疑的跳了上去，

這時 L 突然大叫了一聲：

「不是啦，不是這班車！」

／上車前看清楚，不要搭錯車喔。

車上的三個人和車下的幾個人情急慌亂的對望著，這時正在鳴笛，車子就要開了。

說時遲那時快，車上的三個人一個箭步衝了下來，嚇出了我一身冷汗。

幸好 L 腦筋轉得快，判斷我們搭的特急不會是這樣擠滿學生的通勤電車。

也怪我大清早神智還在睡眠狀態，忘了想到會有這樣的狀況。雖然時間相近，但月台上停靠的，不一定就是我們要搭的車。

日本交通繁忙，月台使用率非常高，常常幾分鐘就一班車靠站。在東京的新幹線月台我計算過，兩分鐘三分鐘就開出一列車，如果不留意一不小心就要搭錯車了。

一個人或兩個人搭錯車倒還好辦，大不了將錯就錯改變行程，說不定會有令人驚喜的意外收穫。但是如果一群人同行，事情就變得棘手了。上錯車的那幾個人一定張惶失措，該怎麼辦呢？是下一站就下車在站台等著，或是下車後再搭車回原來的站？

／嗨，親一個！

／東北新幹線最新型的列車HAYABUSA

沒有上車的人也不會呆呆的在月台等候，必定七嘴八舌，有人要在原地等有人要去下一站有人主張就到目的地，反正大家都有旅館的地址和電話………

嚇出一身冷汗之餘，我不禁琢磨起心中的一列名單。萬一某某上了車怎麼辦？她一定反應不及，也不知要坐到哪裡去了？

自助旅行真的不是每個人都能跟的，除了默契，還是默契！

下次，一定要記得把這些狀況都約定清楚。

記得有一次我從大阪梅田搭關空快速到關西空港，要搭機返台。

途中聽到廣播，我趕忙豎起了耳朵用力的抓住一些單字拼湊，意思好像是說一號到五號車廂開往關西空港，另外的車廂則不知要開到什麼地方去，說了一個陌生的名字，我聽不清楚。

我再三確認了所在的車廂是第五節，還更慎重的把車票拿給旁座的人看，問他坐這車廂對不對，獲得肯定的答案之後才放下心來。後來列車果然在「日根野」這個地方一分為二，一列開往關西空港，一列開往和歌山。

我不敢想像如果當時坐在第六節車廂，列車長廣播時又沒留意聽，呆呆傻傻坐到了和歌山，等我醒覺再一番折騰趕到機場時，恐怕飛機早已騰空而去了，這時不知我會不會無助的坐在地上放聲大哭？

日本的電車常常會有這樣的情形。

例如山形新幹線、秋田新幹線常常與東北新幹線掛在一起，山形新幹線在福島、秋田新幹線在盛岡，與東北新幹線分道揚鑣，各奔前程。如果是全車指定席那還好辦，劃位時會把你安放在正確的車廂；若是部份自由席，碰巧你又是選擇搭自由席的，那就只好捏著心自求多福，並祈老天保佑不要坐錯車，能夠一路平安到達目的地。

▌旅遊隨手貼

我把坐錯車的經歷貼到部落格上，引來許多迴響。有一位網友說：她初初看到車子一分為二，覺得有趣，高興得直拍手叫好。等到冷靜下來，才發現自己不幸站在錯誤的一邊，眼睜睜看著要搭的列車在眼前揚長而去……。

結果她搭錯的車子開到了鬼怒川溫泉，她將錯就錯，隨興而遊，賺得了比預期更美好的一天。

所以，搭錯車好像也不那麼悲慘。

轉個彎，風景更美麗！

但我還是要提醒一下：到日本自助旅行時最好人人都攜帶３Ｇ手機，預先設定好同伴的手機號碼，當你坐錯了車走錯了路和同伴分散了，不要慌亂，馬上打開手機相互連絡，或許就能平平安安。即令烏龍悲劇已經發生，也不至於太慘重。

追著櫻花去旅行

／全日空Gate Tower Hotel大阪的無敵夜景，現已更名Stargete Hotel Kansai Airport。

春天‧漫遊四國、九州行程範例

Day 1 台北→關西空港→高松

1. 上午的班機，抵達關西空港。
2. 換JR pass，指定啓用日期。
3. 在7番巴士候車處搭高速巴士前往高松，候車處旁邊即有自動售票機，票價￥5000，車程3.5小時。
4. 宿 dormy inn高松（電087-832-5489）

Day 2　　高松，遊栗林公園、玉藻公園……

　　1. 騎腳踏車悠遊。

　　2. 賞櫻名所：栗林公園、玉藻公園。

　　3. 記得到觀光案内所拿「四國PASSPORT」，可享
　　　　多項門票優惠。

　　4. 宿dormy inn高松。

Day 3　　直島地中美術館

　　1. 08：12搭船→直島宮浦港。

　　2. 搭巴士到地中美術館。參觀之後回程在Benesse
　　　　House站下車，徒步朝回頭方向行進，參觀Benesse
　　　　House周邊，再沿著海岸前行，沿途景色優美，並有
　　　　草間彌生黃色南瓜及許多戶外裝置藝術。

　　3. 在「つつじ莊前」搭巴士回到宮浦港。請注意巴士
　　　　和回程船班的時間。

　　4. 宮浦港 →高松築港。

　　5. 晚上前往栗林公園賞夜櫻。

　　6. 宿dormy inn高松

Day 4　　高松→德島

　　1. 啓用JR PASS七日券。

　　2. 德島，觀賞阿波舞。

　　3. 賞櫻名所：眉山公園、中央公園。

　　4. 宿東橫inn德島駅前。（電088-657-1045）

Day 5　　德島→阿波池田→琴平

　　1. 德島特急劍山3號09：03→阿波池田10：14。

　　2. 參加西祖谷一日遊（￥5200，含午餐，可請信用卡
　　　　白金祕書先行預約）。

　　3. JR阿波池田站16：34→琴平17：18

　　4. 宿琴平Grand Hotel櫻の抄（電0877-75-3218）

Day 6　　琴平→松山。

　　　　1. 上午健行前往金刀比羅宮。

　　　　2. 午後搭車前往松山。

　　　　3. 賞櫻名所：金刀比羅宮櫻馬場。

　　　　4. 宿松山或道後溫泉。

Day 7　　松山→道後溫泉→ 岡山

　　　　1. 購松山電車一日券￥400。

　　　　2. 遊道後溫泉街、公園、文學名所等。

　　　　3. 參觀大名行列遊行、登松山城。

　　　　4. 賞櫻名所：道後公園、松山城。

　　　　5. 搭車前往岡山。

　　　　6. 宿Regalo Hotel岡山（電086-235-6300）

Day 8　　岡山→境港→皆生溫泉

　　　　1. 寄放大件行李，只攜換洗衣物和隨身行李。

　　　　2. 前往妖怪港參觀遊賞。

　　　　3. 宿皆生Sea said Hotel（電0859-34-2222）

Day 9　　皆生溫泉→足立美術館→安來→岡山

　　　　1. 免費送迎巴士09：30→足立美術館10：10

　　　　2. 參觀足立美術館。

　　　　3. 安來公園賞櫻。

　　　　4. 回岡山，旭川櫻花道賞夜櫻。（注意點燈時間）

　　　　5. 賞櫻名所：安來公園、旭川櫻花道。

　　　　6 宿 Regalo Hotel岡山（電086-235-6300）

Day 10　岡山→倉敷→大阪

　　　　1. 寄放行李。

　　　　2. 上午遊岡山後樂園、旭川櫻花道、岡山城。

3. 下午倉敷。

4. 搭車前往大阪。（或前往京都，繼續賞櫻行程）

5. 賞櫻名所：岡山後樂園、旭川櫻花道。

6. 宿大阪

Day 11　　快樂賦歸

旅遊隨手貼

十日的旅程就要告一段落，應該已心滿意足了，套句旅伴說的話：「走路走到鐵腿，看花看到眼花，拍照拍到手軟。」因此回程的這一天，就決定好好休息，哪兒都不去，呆在旅館裡整理行李和思緒。

我把旅館訂在關西空港附近，全日空Gate Tower Hotel，房間三二‧六平方米，夜景拔群。兩個月前在樂天訂房網站預約的「早割專案」，每人五五〇〇日圓，賞櫻旺季漲到一八〇〇〇日圓哩。而且附送早餐折價券，打對折後一一〇〇日圓，十分超值。慢慢的吃著早餐，一邊回味十日來的點點滴滴，整理一下旅行札記，為追櫻行動畫下一個完美的句點。而且說實話，我是貪圖這十坪的大房間。多少年來我的背包客履歷，所住過的商務旅館大都只有五坪左右，從未如此奢華過。

如果尚未盡興，那麼就住到京都去吧，繼續追櫻行程，再把京阪神一網打盡。這時京都的櫻花應該都已櫻吹似雪了，說不定運氣好還能撞上造幣局的特別開放哩。

日本自助旅行
重要提示

1. 衣著採洋蔥式穿法，視冷熱增減，且必備一雙好走的鞋。

2. 二十吋行李箱 +背包+隨身包最宜。隨身包放護照證件不可離身，背包可帶換洗衣物以備二、三日行程之需。

3. 隨身常備藥。

4. 檢查護照、機票、現金、信用卡。

5. 列印訂房資料，以供check in 之用。

6. 列印一份旅館資料和行程表交給家人。

7. 若有3G手機，請設定親友國際聯絡電話。

8. 善用白金祕書服務。請與您的發卡銀行聯絡，問明國外服務電話，並設定手機撥號。例如：JCB白金秘書東京服務專線【手機設定】 +81-3-5778-8388

9. 急難救助全球免付費服務電話：由日本打回外交部 001-010-800-0885-0885 或 0033-010-800-0885-0885。【手機設定】+886-800-0885-0885

10. 台北駐日經濟文化代表處： 東京都港區白金台五丁目二十番二號。

    急難救助電話專供緊急求助之用，如車禍、搶劫、有關生命安危緊急情況等。日本境內直撥：080-6557-8796和080-6552-4764【手機設定】+81-80-6557-8796

釀旅人01　PE0021

搭JR鐵道遊日本最美賞櫻路線

作　　者	蔡碧航
責任編輯	林千惠
圖文排版	李孟瑾
封面設計	蔡瑋中

出版策劃	釀出版
製作發行	秀威資訊科技股份有限公司
	114 台北市內湖區瑞光路76巷65號1樓
	電話：+886-2-2796-3638　傳真：+886-2-2796-1377
	服務信箱：service@showwe.com.tw
	http://www.showwe.com.tw
郵政劃撥	19563868　戶名：秀威資訊科技股份有限公司
展售門市	國家書店【松江門市】
	104 台北市中山區松江路209號1樓
	電話：+886-2-2518-0207　傳真：+886-2-2518-0778
網路訂購	秀威網路書店：http://www.bodbooks.com.tw
	國家網路書店：http://www.govbooks.com.tw
法律顧問	毛國樑　律師
總 經 銷	聯合發行股份有限公司
	231新北市新店區寶橋路235巷6弄6號4F
	電話：+886-2-2917-8022　傳真：+886-2-2915-6275

出版日期	2012年2月　BOD一版
定　　價	320元

國家圖書館出版品預行編目

搭JR鐵道遊日本最美賞櫻路線 / 蔡碧航著 -- 一版. --
　臺北市：釀出版, 2012.02
　　面；　公分
BOD版
ISBN　978-986-6095-77-1（平裝）
1.旅遊文學　2.櫻花　3.鐵路　4.電車　5.日本

731.9　　　　　　　　　　　　　　100025540

讀 者 回 函 卡

感謝您購買本書，為提升服務品質，請填妥以下資料，將讀者回函卡直接寄
回或傳真本公司，收到您的寶貴意見後，我們會收藏記錄及檢討，謝謝！
如您需要了解本公司最新出版書目、購書優惠或企劃活動，歡迎您上網查詢
或下載相關資料：http:// www.showwe.com.tw

您購買的書名：_____

出生日期：_____年_____月_____日

學歷：□高中 (含) 以下　　□大專　　□研究所 (含) 以上

職業：□製造業　□金融業　□資訊業　□軍警　□傳播業　□自由業
　　　□服務業　□公務員　□教職　　□學生　□家管　　□其它_____

購書地點：□網路書店　□實體書店　□書展　□郵購　□贈閱　□其他

您從何得知本書的消息？

　□網路書店　□實體書店　□網路搜尋　□電子報　□書訊　□雜誌
　□傳播媒體　□親友推薦　□網站推薦　□部落格　□其他_____

您對本書的評價：(請填代號　1.非常滿意　2.滿意　3.尚可　4.再改進)

　封面設計____　版面編排____　內容____　文／譯筆____　價格____

讀完書後您覺得：

　□很有收穫　□有收穫　□收穫不多　□沒收穫

對我們的建議：_____

_____

_____

_____

11466
台北市內湖區瑞光路 76 巷 65 號 1 樓

秀威資訊科技股份有限公司　　　收

BOD 數位出版事業部

⋯⋯⋯⋯⋯⋯⋯⋯⋯⋯⋯⋯⋯⋯⋯⋯⋯⋯⋯⋯⋯⋯⋯⋯⋯⋯⋯⋯⋯⋯⋯⋯⋯⋯⋯⋯

（請沿線對折寄回，謝謝！）

姓　　　名：＿＿＿＿＿＿＿＿＿　年齡：＿＿＿＿　性別：□女　□男

郵遞區號：□□□□□

地　　　址：＿＿＿＿＿＿＿＿＿＿＿＿＿＿＿＿＿＿＿＿＿＿＿＿＿＿

聯絡電話：(日)＿＿＿＿＿＿＿＿＿＿(夜)＿＿＿＿＿＿＿＿＿＿＿

E-mail：＿＿＿＿＿＿＿＿＿＿＿＿＿＿＿＿＿＿＿＿＿＿＿＿